Antonio Gatto

L'Interpretazione del Dogma di Calcedonia nel Saggio L'Agnello di Dio

Antonio Gatto

L'Interpretazione del Dogma di Calcedonia nel Saggio L'Agnello di Dio

S. N. Bulgakov

Edizioni Sant'Antonio

Imprint

Cover image: www.ingimage.com

Publisher:
Edizioni Accademiche Italiane
is a trademark of
International Book Market Service Ltd., member of OmniScriptum Publishing Group
17 Meldrum Street, Beau Bassin 71504, Mauritius

Printed at: see last page
ISBN: 978-613-8-39114-2

L'interpretazione del dogma di Calcedonia nel Saggio "Agnello di Dio"S. N. Bulgakov

INTRODUZIONE

Il presente lavoro, all'interno delle possibilità conoscitive prodotte in uno studio di licenza, analizza il dogma di Calcedonia attraverso il saggio di Bulgakov "L'agnello di Dio".

La scelta di un autore ortodosso, come Bulgakov, nasce dall'incontro con il suo pensiero attraverso il libro del prof. Coda, "*L'altro di Dio*", dei mie studi istituzionali in Teologia, e si intensifica con gli studi di licenza in cristologia presso l'Università Lateranense, grazie al corso sulla kenosi del prof. Zak.

L'incontro con il pensiero teologico di Bulgakov, all'interno di un ciclo di studi in cristologia, dove si incontra il pensiero teologico di buona parte degli autori occidentali, latini, ha suscitato in me l'interesse al confronto con un pensiero, una cultura diversa dalla mia, straordinariamente stimolante, nonostante eventuali limiti.

La conoscenza del Cristo non può passare solo all'interno di un determinato discorso teologico, ma deve estendersi attraverso il discernimento alla totalità dei pensieri su di Lui, tale da dare un quadro il più possibile comprensivo della figura di Gesù Cristo.

Quando K.Rahner nel 1954, con i suoi studi sul Cristo, dà una svolta all'interpretazione del Concilio di Calcedonia e agli studi che seguiranno, il Nostro, scomparso già da undici anni, ha donato al pensiero teologico e cristologico una sistematicità e un ampiezza di pensiero sorprendente, poco conosciuto in quegli anni ed emersa grazie al teologo von Balthasar.

La concezione teologica di Bulgakov, che nella kenosi del Cristo esprime l'apice del suo pensiero, è frutto non solo di speculazione teologica, ma anche di un fattore esperienziale della propria vita.

Questa evidenza è stata per me importante, poiché credo che un discorso teologico non può rimanere astratto rispetto al proprio vissuto, ma all'interno dello stesso trovare le risposte al grande mistero di Dio.

Nel primo capitolo di questo mio lavoro si evidenzia l'elaborazione del Concilio di Calcedonia attraverso gli autori del novecento, dando uno sguardo al dettato

Conciliare nella sua stesura da parte dei Padri, mettendo in evidenza i problemi rispetto alla sua redazione.

Il dogma di Calcedonia si presenta meno narrativo degli altri Concili, manifestando una scrittura speculativa - ontologica che produsse dei dubbi nei suoi contemporanei ma anche negli autori moderni.

Il linguaggio usato dai Padri è stato interpretato come ellenizzante e poco esaustivo rispetto al mistero di Cristo: gli studi di Grillmeier indicano invece una deellenizzazione e miglioramento nel dettato Conciliare.

Tuttavia il problema del linguaggio, così come l'aver dato poca importanza agli aspetti salvifici del Cristo da parte di Calcedonia, sono presenti negli autori del Novecento che reinterpretano il dogma, in modo da renderlo accessibile alla comprensione del mondo di oggi.

Ogni autore ha profuso le sue soluzioni all'interpretazione del dogma in base alla sua visione teologica: il Rahner attraverso la sua visione antropologica –trascendentale, Schillebeeckc mediante la sua teologia esperienziale, Schoonenberg proponendo l'idea dell'enipostasi reciproca, arrivando a ribaltare il dato conciliare, affermando che "nella personalità umana di Gesù si dispiegano i tratti della divinità", questo per dare maggior risalto alla umanità del Cristo; infine Moingt sottolinea l'aporia tra la vita di Cristo, descritta dai vangeli e l'enunciato conciliare, causato a suo dire dalla riflessione teologica precedente a Calcedonia, che leggeva i vangeli non in senso narrativo, rispetto alla vita di Gesù, ma come il Figlio eterno di Dio.

Nel secondo capitolo, si analizza il pensiero dei Padri secondo gli studi che il Nostro ha elargito su di loro.
Nella sua analisi il Bulgakov elogia Apollinare di Laodicea nonostante la sua eresia, in quanto lo ritiene il primo ad aver posto il problema della teantropia nelle disquisizioni teologiche, e presenta il pensiero della scuola alessandrina e antiochena attraverso i suoi maggiori rappresentanti.

Di Cirillo di Alessandria loda la capacità di aver tenuto le redini dell'ortodossia grazie ad una forte coscienza ecclesiologica e alle non ravvisate sue contraddizioni, evidenziando come il suo pensiero in Eutiche ha prodotto l'eresia monofisita.

Della scuola antiochena, in tutti i suoi rappresentanti, ne esalta la capacità di aver bilanciato il discorso alessandrino, attraverso una maggiore attenzione alla umanità del Cristo, sottolineando con Nestorio la sua deriva eretica nella dualità non solo delle nature ma anche delle persone.

Bulgakov sottolinea l'importanza che il dettato Conciliare ha avuto nel far sintesi del pensiero delle scuola alessandrina ed antiochena, nello stesso tempo ravvisa l'incapacità da parte dei Padri di non volgere al positivo i quattro aggettivi negativi che regolano la dualità delle nature.

I Padri, nonostante nel loro pensiero espressero il concetto di kenosi, non riuscirono a svilupparlo, mentre Bulgakov ne ravvede il fondamento di comprensione della teantropia.

L'ultimo capitolo affronta lo sviluppo teologico del Nostro in rapporto al Concilio di Calcedonia, partendo dalla creazione come luogo all'interno del quale si dà l'Incarnazione e la divinizzazione dell'uomo.

Un aspetto importante, più volte evidenziato dall'autore, è che l'Incarnazione non è un imprevisto né una violenza ontologica di Dio attraverso la sua onnipotenza, ma risiede nell'uomo in quanto immagine di Dio.

Nell'affrontare la kenosi di Cristo, attraverso il prologo di Giovanni e la lettera ai Filippesi di Paolo, Bulgakov evidenzia come Dio, pur rimanendo Eterno, si spoglia della sua divinità e si fa diveniente; nella prospettiva kenotica è quindi possibile cogliere l'antinomia tra le due nature in Cristo come un unico evento che esprime la perfezione della teantropia senza alcuna forma di sbilanciamenti ne verso l'ascesa ne verso la discesa.

La kenosi del Cristo non è riferito alla sua natura ma alla morfè, che non è la vita di Dio in sé immutabile, ma alla vita di Dio per sé mutabile; e di questa condizione divina che il Cristo si è spogliato volontariamente.

Questo evento si è verificato, secondo il Nostro, dalla constatazione che Dio è Amore, e si esprime in Cristo attraverso la sua filiale obbedienza al Padre, che lo condurrà sino alla croce per riessere glorificato dal Padre.

Questa gloria, di cui lui si spoglia, rappresenta per Bulgakov la Sofia, che non esprime una quarta ipostasi, ma è il termine medio, che per il Nostro è dato tra Dio e l'uomo, il ponte ontologico sul quale può procedere l'unione delle due nature; per Bulgakov la Sofia è la manifestazione della natura divina in sé.

Infine và ricordato come per il Nostro le vicende del Cristo, della Seconda Persona della Trinità, non sono staccate dalle altre ipostasi, ma come ogni avvenimento della vita Gesù vede la compartecipazione del Padre e dello Spirito.

Capitolo I °

Il dogma di Calcedonia nella recezione della teologia del 900

1. Introduzione: uno sguardo di sintesi sul concilio di Calcedonia

Il Concilio di Calcedonia (451) è un punto di riferimento fondamentale per la conoscenza della figura del Cristo, ed è, ancora oggi inteso come il complesso di quello che la chiesa crede riguardo alla figura di Gesù Cristo.

Con il Concilio di Calcedonia si porta a compimento uno sviluppo che parte dal kerygma, annuncio della comunità delle origini, attraverso la storia dei primi cinque secoli, per formulare la verità della fede cristiana; in questo periodo la storia del cristianesimo è stata attraversata da riflessioni ed eresie che sono serviti alla chiesa per approfondire la verità sulla natura di Gesù Cristo. A tal proposito è importante porre alla luce ciò che i Padri hanno stabilito in quella assise:[1]

> «Seguendo dunque i santi Padri concordemente insegniamo a confessare: un unico e medesimo (*éna kai autón*) Figlio, Il Signore nostro Gesù Cristo (1-4), il medesimo (*tòn autòn*) perfetto (*télion*) nella divinità (5) e perfetto nell'umanità (6), veramente Dio e veramente uomo (7), il medesimo (costituito) di anima razionale e corpo (8), consostanziale al Padre secondo la divinità (9) ed il medesimo consostanziale a noi nella umanità (10), sotto ogni rispetto simile a noi all'infuori del peccato (11), prima degli eoni generato dal Padre secondo la divinità (12), e negli ultimi giorni (13), il medesimo (*tòn autòn*) per noi e per la nostra salvezza (14), (*nato*) da Maria la vergine, la genitrice di Dio (*Teotokos*) secondo l'umanità (15), unico e medesimo (*éna kai tòn autòn*) Cristo Figlio e Signore Unigenito (16) da riconoscersi in (*en)* due nature (17), senza confusione (*asynchitos*), senza mutamento (*atréptos*), senza divisioni (*adiarètos*), senza separazione (*achorístos*) (18), senza che in alcun modo la differenza della nature sia stata annullata a causa dell'unione (19), ma piuttosto conservata la proprietà di ciascuna delle due nature (20), anche quando concorrano a (formare) una sola persona (*eis èn prósopon*) e una sola ipostasi (*mían hypostasin*) (21), non ripartito o diviso in due persone (22), ma unico e medesimo Figlio Unigenito (23), Dio Logos Signore Gesù Cristo (24), come sin dall'antichità i profeti (annunziarono) riguardo a Lui (25), ed egli stesso, Gesù Cristo, ci insegnò (26) e come il simbolo dei nostri padri ci ha trasmesso (27) ».

---

[1] M. BORDONI, *Gesù di Nazaret Signore e Cristo,*vol. 3. *il Cristo annunciato dalla Chiesa*, Herder-Pul, Perugia 1986, 832-833. Il quale cita per il testo e le numerazioni I. Ortiz De Urbina, *Das Glaubens-symbol von Chalkedon*-sein text, sein Werden, seine dogmatiche bedeutung, in «Chalkedon », I, 389-390.

Tale definizione, sin dal primo momento, ha evidenziato alcune questioni circa la sua compilazione, la quale, sottolinea da subito un orientamento speculativo-ontologico mancando del tutto di una sezione storico-narrativa presente, invece, nei concili di Nicea e Costantinopoli.[2]

La domanda frequente è se i Padri abbiano proceduto nella compilazione del Concilio con un taglio eccessivamente aristotelico, usando il linguaggio filosofico del tempo, e meno quello kerigmatico, piscatore, «linguaggio semplice dell'annuncio apostolico che anche i credenti meno illustri come i pescatori (ma gli apostoli furono appunto pescatori!) potevano capire».[3]

Il Concilio di Calcedonia segue i Concili di Nicea (325) e di Costantinopoli (381) che avevano operato una lettura troppo assolutistica del kerygma neotestamentario,[4] e quello di Efeso (425) che aveva messo in luce l'unità del Cristo senza però precisare in maniera netta la distinzione tra l'umanità e la divinità.[5]

Per questo motivo era importante una maggiore precisazione che ponesse in luce la verità del Cristo, rispetto alla concezione dell'incarnazione che si evinceva dalla contrapposizione di due posizioni teologiche: da una parte lo schema alessandrino, *Logos-sarx* che poneva l'accento sull'unità del Cristo, dall'altro lo schema antiocheno, *Logos-antropos,* che puntava alla dualità delle nature (umano-divina).

Era necessario far sintesi tra queste due visioni e per questo, nel cammino che porta a Calcedonia, gli animi degli opposti schieramenti non venivano sopiti dall'*atto di unione* (433), compilato secondo lo spirito della scuola antiochena e con l'approvazione di Cirillo capo degli alessandrini.[6]

Questo compromesso non aveva soddisfatto gli esponenti più radicali dei due schieramenti, i quali dalla parte antiochena, rifiutarono l'unione e diedero vita ad una chiesa nestoriana scismatica, mentre Cirillo, capo degli alessandrini, che viene

---

[2] Cfr. B. FORTE, *Gesù di Nazaret ,storia di Dio, Dio nella storia. Saggio di una cristologia come storia*, San Paolo, Cinisello Balsamo 1985, 144.

[3] Cfr. A. GRILLMEIER, « " Piscatorie"- "Aristotelice". Zur Bedeutung der Formel in den seit Chalcedon gettrennten Kirchen», in ID., *Miti hm und in ihm. Christologische Forschungen und Perspektiven,* Freiburg –Basel-Wien 1978, 283-300, in L. F. LADARIA «La Recente Interpretazione della Definizione di Calcedonia», in *PATH* 2 (2003) 322.

[4] Cfr. W. KASPER, «Il Dogma Cristologico di Calcedonia», in *ASPRENAS* 31 (1984) 120.

[5] Cfr. B. SESBOÜE, *Gesù Cristo nella tradizione della Chiesa .Per un' attualizzazione della cristologia di Calcedonia*, San Paolo, Cinisello Balsamo 1987, 133.

[6] Cfr. W. KASPER, «Il Dogma Cristologico di Calcedonia», 120.

accusato di apollinarismo anche da alcuni suoi seguaci, si vede costretto a puntualizzare il suo pensiero teologico evidenziando come: «In Cristo è avvenuta l'unione delle due nature ma che da questa unione è risultata una sola natura, si che, osservando in teoria e astrattamente, noi possiamo distinguere in lui due nature, mentre *in re* ne esiste una sola».[7]

Con il Concilio di Calcedonia si recepisce, quindi, il pensiero delle due scuole teologiche e si pone in essere una sintesi armoniosa sulla verità di Gesù Cristo, unico soggetto Figlio di Dio nelle due nature umano e divina, che evidenzia la consustanzialità al Padre secondo la divinità e la consustanzialità a noi secondo l'umanità tranne che nel peccato.

In questa sintesi, un ruolo importante, lo ha svolto anche la chiesa di Roma attraverso l'intervento di San Leone Magno, che non aggiunge nulla di originale per quando riguarda il pensiero, ma ha avuto la capacità di ricavare dalla tradizione latina indicazioni equilibrate che hanno permesso di arrivare alla fusione conciliare e di dar fine ad un tempo di insicurezze e di eresie cristologiche.[8]

Circa i dubbi e le incertezze che il Concilio ha suscitato, è importante evidenziare che lo stesso non è e non può essere esaustivo del mistero di Cristo, «ne tanto meno elaborare una cristologia sistematica e globale»,[9] ma risponde ad un preciso problema di fede vissuto in un determinato momento storico, che per Calcedonia è "l'unità nella dualità".

In fondo, guardando alla storia della cristologia patristica, tutti i Concili, fino a quello di Costantinopoli del 681 che condanna i monoteliti, sono risposte ad eresie, discernimento della chiesa su errori e si pongono, quindi, su una posizione antieretica, in modo che non ci siano straripamenti ne da un verso ne dall'altro.[10]

Per quando riguardo poi il linguaggio usato per esprimere il pensiero su Gesù Cristo, il Concilio di Calcedonia non può essere accusato di ellenizzazione,[11] anzi il

---

[7] Cfr. ACO 1, 1, 6, p. 153 s. in M. SIMONETTI, *Studi di Cristologia Postnicena*, Institutum Patristicum augustinianum, Roma 2006, 339-340.

[8] Cfr. L. F. LADARIA «La Recente Interpretazione della Definizione di Calcedonia», 325.

[9] I. SANNA «Indicazione per una Interpretazione del Dogma di Calcedonia», in *LATERANUM* XL (1975) 228.

[10] Cfr. R. CANTALAMESSA, *Dal Kerygma al Dogma Studi sulla cristologia dei Padri*, V&P, Milano 2006, 47-48.

[11] «Non è dall'uso dei concetti greci o di vocaboli come tali, che si può stabilire se ci sia stato nello sviluppo della storia dei dogmi un'ellenizzazione o al contrario una disellenizzazione. Si deve

Concilio ha prodotto un' apertura del cristianesimo dall'influsso ellenistico, attuando quindi una deellenizzazione, cioè un intervento di miglioramento e di chiarimento come base di un cammino nella tradizione della fede.

Se si guarda con attenzione alle elaborazioni degli schemi cristologici unitari (Apollinarismo, Monofisismo), e dualistici (Nestorianesimo), si intravede, invece, un condizionamento di quei concetti filosofici ellenistici, da cui i Padri si allontanavano per meglio esprimere la verità cristologica.[12]

Calcedonia è quindi da una parte un punto di arrivo, poiché pone insieme il pensiero di diverse tradizioni teologiche per esprimere la verità su Gesù Cristo, mettendo a tacere le eresie sin lì enunciate; dall'altra è anche un punto di partenza, dato che lo sviluppo teologico è andato avanti, affrontando diverse problematiche, e nello stesso tempo evidenziando un nuovo incremento i cui frutti sono riscontrabili sino ad oggi,[13] visto che, non si può prescindere dalle affermazioni dogmatiche di Calcedonia nell'intraprendere uno studio sulla vita di Gesù Cristo.

2. Il risveglio dell'interesse della teologia del 900 per il dogma di Calcedonia, e i suoi principali protagonisti.

La condizione del concilio di Calcedonia di essere la fine e l'inizio di un percorso di riflessione teologica, dispiega il suo influsso attraverso tutto il medioevo, infatti, si diede un rilevante apporto al pensiero sull'incarnazione di Gesù Cristo come azione di Dio per noi uomini, ma anche nella sua configurazione, grazie allo sviluppo sul concetto ontologico di "persona" e quindi sul pensiero dogmatico di "unione ipostatica".[14]

---

piuttosto analizzare e comprendere l'intero processo spirituale che ha portato all'introduzione di questi concetti o alla creazione di determinate formule di fede. Anzi si dovrebbe considerare in sé e poi confrontare tra loro due o più di questi processi», [A. GRILLMEIER, *Ermeneutica Moderna e Cristologia antica la discussione attuale sulla cristologia calcedonense*, Queriniana, Brescia 1972, 79-80], lo stesso autore dichiara: «Quando più il cristianesimo afferma con chiarezza la sua fede nella divinità di Cristo , tanto più diveniva difficile convincere gli elleni, quanto più chiaramente si riconosceva l'incarnazione del Figlio di Dio tanto più ci si comportava da stolti agli occhi dei Filosfi», [A. GRILLMEIER, in *Diskussion über H. Küngs «Christ sein»,* Magonza 1976, 70], in L. SCHEFFCZYK «Calcedonia nella ricerca storica-dogmatica e nella teologia sistematica» in *COMMUNIO* 42-43 (1978) 50.

[12] Cfr. M. BORDONI, *Gesù di Nazaret Signore e Cristo*, 839.

[13] Cfr. L. F. LADARIA «La Recente Interpretazione della Definizione di Calcedonia», 322-326.

[14] M. BORDONI, *Gesù di Nazaret Signore e Cristo*, 871.

La riflessione teologica inizia a cambiare con l'avvento del pensiero moderno, dove la dottrina cristiana sull'incarnazione «si incontra con le sollecitazioni di una cultura che evolve categorie di pensiero che assumono risonanze diverse rispetto alle epoche precedenti».[15]

Si passa quindi dall'aspetto ontologico a quello psicologico, con l' egemonia del "soggetto" per cui l'uomo si autocomprende e non riesce più ad evadere dal suo stesso pensiero che gli diventa determinante.[16]

A tale cambiamento, e con lo sviluppo del metodo storico-critico all'interno dell'esegesi biblica, si ripropone la questione del rapporto esistente tra il Gesù della storia e il Cristo della Fede, in quanto una delle accuse che viene mossa a Calcedonia è la sua strutturazione sin troppo ontologica e poco coerente alla storia del Cristo.

Per questo, la formula del concilio di Calcedonia, rischia di non essere più l' unico centro intorno al quale si pianifica lo studio sulla cristologia[17], infatti, la mancata simbiosi tra la scrittura e la cristologia dogmatica ha creato una frattura tale da essere largamente responsabile della scissione tra la cristologia ontologica e quella funzionale espressa da Lutero e da molta critica contemporanea.[18]

E' importante, quindi, che le asserzioni del Concilio di Calcedonia, vengano messe a confronto con il dato scritturistico, che per sua natura non può essere racchiuso in un'espressione dogmatica, in modo da rendere più comprensibile quello che i Padri hanno voluto affermare: evidenziando come un Concilio, nella sua specificità, e, quello di Calcedonia in particolare, non è mai una dottrina «completa sul mistero di Cristo, ne tanto meno elabora una cristologia sistematica e globale».[19]

Ed è appunto quello che viene evidenziato dai teologi del XX secolo, tra i quali K. Rahner, che con il suo saggio del 1954 intitolato *Problemi della cristologia d'oggi*, ha dato una svolta non solo all'interpretazione del Concilio di Calcedonia in se, ma anche al modo di affrontare lo studio della cristologia nel suo insieme.[20]

---

[15] *Ibidem*, 892.

[16] Cfr. *Ibidem*, 892.

[17] Cfr. L. F. LADARIA «La Recente Interpretazione della Definizione di Calcedonia», 328.

[18] Cfr. B. SESBOÜE, *Gesù Cristo nella tradizione della Chiesa*, 146-149.

[19] I. SANNA «Indicazione per una Interpretazione del Dogma di Calcedonia, 227-228.

[20] Cfr. J. A. RIESTRA, *Il dibattito sul valore e i limiti della dottrina calcedonense nella cristologia recente*, in A. DUCAY (a cura), *il Concilio di Calcedonia 1550 anni dopo*, LEV, Roma 2003, 93-94.

Nella recezione contemporanea al Concilio di Calcedonia in ambito protestante, si evidenzia la posizione di Bultmann, il quale, sulla scia di autori del XIX secolo come A.von Harnack,[21] rifiuta l'interrogativo circa la divinità di Gesù Cristo nel senso che: «Cristo non mi aiuta perché é figlio di Dio, ma è Figlio di Dio perchè mi aiuta».[22]

Bultmann ritiene che il Concilio abbia introdotto un'espressione lontana dal nostro pensiero, e per questo è giusto porre in essere una demitizzazione del messaggio di Gesù Cristo in categorie filosofiche comprensibili all'uomo contemporaneo.

Alle critiche di Bultmann fanno seguito quelle di altri teologi, sia di area protestante che di area cattolica: un famoso autore come B. Sesbüoe, in uno studio su Calcedonia, dona un titolo molto esplicativo ad una sua opera "*Il processo contemporaneo a Calcedonia*",[23] proprio ad evidenziare il tipo di approccio che la teologia di quegli anni, ha, rispetto alla recezione del Concilio di Calcedonia.

La critica non era solo indirizzata all'Assise, ma alla cristologia classica che da Calcedonia prendeva il suo avvio; infatti, molti teologi iniziano le loro riflessioni facendo tesoro dalle posizioni di F. Schleiermacher, nel criticare il Concilio, ed insistono sulla insufficienza della formulazione conciliare.

Tra questi si possono annoverare P.Schoonenberg, il cui studio è precursore di studi di successivi teologi quali P.Tillich, W. Pannenberg, H. Küng, J. Moltmann ed altri.[24]
I giudizi espressi da questi autori, possono essere riassunti in vari punti, e, come afferma la Maggi nel suo lavoro dottorale, «studiare la critica a tale formula è un fatto teologico della nostra epoca e un momento decisivo della ricerca cristologica».[25]
Tra le diverse critiche espresse dai teologi, quelle sicuramente di maggior rilievo

[21] Il quale afferma nella sua opera "*Storia del Cristianesimo*" che il dogma è "una costruzione dello spirito greco sul terreno del vangelo". «Egli riconosce la paternità di Dio, di Gesù e anche nostra, tutto il resto è una costruzione, compresa la trinità e l'incarnazione, estranea al vangelo a cui hanno contribuito le varie filosofie e il sincretismo religioso dell'epoca post-evangelica», in M.R. PECORARA MAGGI, *Il Processo a Calcedonia. Storia e Interpretazione*. Glossa, Milano 2006, 25.

[22] R .BULTMANN, *Credere e comprendere*, Tomo II (= BTC 30) Queriniana, Brescia 1977. in M.R. PECORARA MAGGI, *Il Processo a Calcedonia. Storia e Interpretazione*, 26.

[23] B. SESBOÜE,« Le procès contemporain a Chalceddoine.Bilan et perspsctives», in *Recherches de Science Religieuse*, 65 (1977), 45- 79, in J. A. RIESTRA, *Il dibattito sul valore e i limiti della dottrina calcedonense nella cristologia recente*, 98.

[24] Cfr. J. A. RIESTRA, *Il dibattito sul valore e i limiti della dottrina calcedonense nella cristologia recente*,99.

[25] M.R. PECORARA MAGGI, *Il Processo a Calcedonia. Storia e Interpretazione*, 8.

sono:

1) il linguaggio adoperato a Calcedonia;

2) il fatto che il Concilio abbia dato poco peso agli eventi salvifici della vita di Cristo.

Per quando riguarda la prima analisi, Tillich nella sua opera, *Teologia Sistematica*, evidenzia come bisogna riformulare i concetti espressi di natura divina e natura umana dalla formula di Calcedonia, che a suo avviso avrebbe ellenizzato il messaggio cristiano delle origini, con concetti relazionali, in modo che le istanze dell'esistenza alienata degli uomini si possano incontrare con la risposta data dalla figura del Cristo.

L'autore presenta il Cristo come il *Nuovo Essere*, che porta all'uomo una realtà nuova capace di sconfiggere l'alienazione esistenziale, poiché Cristo stesso ha vinto con la sua morte e resurrezione tale alienazione.

La correlazione di cui parla l'autore serve a superare i metodi secondo lui inadeguati quali:a) il metodo soprannaturalista, (che considera l'annuncio cristiano come verità calate dall'alto; b) il metodo naturalista, (parte dallo stato naturale dell'uomo per darsi delle risposte); c) il metodo dualista, (che esprime il metodo della scolastica cattolica, secondo cui la teologia naturale è una sottostruttura e quella soprannaturale come sovrastruttura).

Attraverso il metodo della correlazione, invece, la teologia naturale diventa il mezzo di conoscenza dell'esistenza, mentre la teologia soprannaturale offre risposte alle domande che nascono nell'esistenza.[26]

Queste obiezioni sono sollevate anche da altri autori come H. Küng, e P.Schoonenberg: il primo ritiene che il linguaggio usato è, oggi, incapace di veicolare il messaggio voluto dai Padri, visto che non è compreso non soltanto dalle culture africane ed asiatiche, ma neanche da quelle europee; per quando riguarda poi il problema delle "due nature" l'autore afferma: «la dottrina delle due nature, a parere di molti esegeti, non collima affatto con l'originario messaggio di Cristo nel Nuovo Testamento: alcuni considerano una trasposizione o, in parte, addirittura un'alterazione dell'originario messaggio di Cristo; altri, almeno una sua interpretazione, che comunque non è né l'unica possibile, ne tantomeno la

[26] Cfr. R. GIBELLINI, *La Teologia del XX Secolo*, Queriniana, Brescia 1992, 96-102.

migliore».[27]

Per, P. Schoonenberg, il problema del linguaggio, nasce dalla difficoltà di rapportarlo con il mondo odierno, dove il concetto di natura è spesso subordinato alla persona e al suo contesto educativo, infatti il termine φύσις, nel periodo patristico voleva soltanto esprimere l'oggettività di un determinato essere.[28]

Altra difficoltà che l'autore ha rilevato è il termine "due", infatti afferma :«Il divino e l'umano sono proposti in termini coordinati, dove la somma dei due ci fa concludere all'esistenza di "due" nature. Se ciò volesse effettivamente significare che il concetto di natura o di sostanza dev'essere riferito nello stesso senso al divino e all'umano di Cristo, il modello delle due nature ci indurrebbe inevitabilmente a conclusioni erronee e perniciose».[29]

Per quando riguarda la seconda critica mossa dai teologi, sempre Tillich afferma che la salvezza è veicolata solo da un Gesù che abbia realmente vissuto l'esistenza dell'uomo e non

da un Dio che cammini sulla terra essendo diverso da noi in tutto.[30]

W. Pannenberg, fa una riflessione su queste tematiche, e dichiara come la vera difficoltà nasce dal modo in cui si concepisce il dato dell'incarnazione, infatti se esso viene visto come una mescolanza di un individuo a partire dal dato divino ed umano, porta inevitabilmente agli scontri cristologici del V sec.

Al contrario la soluzione può essere intravista: «Solo nella particolarità storica dell'uomo Gesù del suo messaggio e del suo destino può essere trovato l'unità di Gesù con Dio, l'unità dello storico è concreto Gesù di Nazareth [...] con il Dio della Bibbia, con quel Dio dell'Antico Testamento, che Gesù Chiamava Padre».[31]

Sempre inerente alla seconda critica, cioè alla discontinuità tra il kerygma e il dogma e quindi ad una de-storicizzazione dell'annuncio cristiano è importante lo studio di R.

---

[27] H. KÜNG, *Essere Cristiani,*Mondadori, Milano 1976,138.

[28] Cfr. P. SCHOONENBERG, *Un Dio di uomini*, Queriniana, Brescia 1971, 70.

[29] *Ibidem*, 71.

[30] Cfr. P. TILLICH, *Teologia sistematica II. L'esistenza e il Cristo*, R. BERTOLET (ed.), Claudiana, Torino 2001, 195, in J. A. RIESTRA, *Il dibattito sul valore e i limiti della dottrina calcedonense nella cristologia recente*, 102.

[31] W. PANNENBERG, *Cristologia: lineamenti fondamentali,* Queriniana, Brescia 1974, 446, in J. A. RIESTRA, *Il dibattito sul valore e i limiti della dottrina calcedonense nella cristologia recente*, 102.

Cantalamessa, presentato al V Congresso Nazionale dell'ATI ad Assisi nel 1973 , egli afferma che: «Il primitivo credo, basato su un riassunto della vicenda storica-salvifica di Cristo, sostanzialmente rimane, ma solo come corrispettivo di una professione di fede che ha per oggetto la pre-istoria di Cristo, la sua preesistenza e la nascita dal Padre. Dalla resurrezione il baricentro della cristologia già nella formula del II secolo si era spostato indietro alla nascita da Maria; [...] La fede in Cristo espressa originariamente in uno schema orizzontale e storico (dalla nascita all'ascensione), appare ora disposta secondo uno schema verticale fatto di due piani: il piano della preesistenza e il piano dell'incarnazione».[32]

Quindi il primitivo schema dei due tempi , quello dell'abbassamento e quello dell'esaltazione di cui parla Rom 1, 3-4, viene sostituito dallo schema delle due nature, in cui si effettua effettivamente un ontologizzazione tra Nicea e Calcedonia senza per questo segnare una discontinuità tra il Kerygma e dogma, in quanto sono realtà in movimento, processi vitali che si inseriscono nella vita e movimento della chiesa, e ne costituiscono il basamento vitale comune ad entrambe.[33]

A questi argomenti fa rimando anche W. Kasper, che mette in evidenza come, se la figura umana del Cristo ha il suo centro nell'incarnazione, la croce e la resurrezione non dispiegano più il loro significato costitutivo, in quanto, la croce viene vista come perfezionamento dell'incarnazione e la resurrezione come conferma della sua divinità.

In tal modo si tradisce la testimonianza biblica che vede nella croce e resurrezione il centro della cristologia.[34]

Naturalmente altre tesi e prospettive, emerse nel dibattito di Calcedonia, saranno evidenziate ed approfondite nel paragrafo successivo.

Accanto alle tesi dei vari studiosi, sin qui enunciati, è importante sottolineare gli interventi magisteriali espressi in questo campo, poichè, molto del pensiero espresso dai teologi del XX secolo si trova a cavallo del Concilio Vaticano II, che come

---

[32] R. CANTALAMESSA, *Dal Cristo del Nuovo Testamento al Cristo della Chiesa: tentativo di interpretazione della cristologia patristica*, in il *problema cristologico oggi*, Atti del V Congresso Nazionale dell'Associazione Teologica Italiana, Assisi 1973, 143-197, inserito in un nuovo volume di saggi di cristologia patristica curati dal CANTALAMESSA e da me, citato all'undicesima nota, R. CANTALAMESSA, *Dal Kerygma al Dogma Studi sulla cristologia dei Padri*, V&P, Milano 2006, 14.

[33] Cfr. *Ibidem*, 27-29.

[34] Cfr. W. KASPER, *Gesù il Cristo*, Queriniana, Brescia 1981, 44.

sappiamo ha ridato un grosso impulso alla storia della teologia, e allo studio della scrittura.

Nel Decreto su «La Formazione Sacerdotale» «Optatam Totius», del 1965 si afferma, infatti, che: «Nell'insegnamento della teologia dogmatica, prima vengono proposti gli stessi temi biblici, si illustri poi agli alunni il contributo dei Padri della Chiesa Orientale ed Occidentale[...], nonché l'ulteriore storia dei dogmi, considerando anche i rapporti di questa con la storia generale della Chiesa»[35], questo per evidenziare l'importanza della conoscenza della fede che non sia il frutto di compartimenti stagni, ma la giusta sintesi di un sapere teologico che porti alla conoscenza della verità rivelata.

Dopo l'intervento del Concilio, si diede inizio ad un rinnovamento dei manuali sia di teologia che di cristologia, che facesse superare l'evidente crisi della manualistica di stampo scolastico.

Un tentativo importante in tal senso fu l'opera *Mysterium Salutis,* un manuale che tenne in giusta considerazione la storia della salvezza nel superamento della frammentazione della teologia sin li presente.[36]

Negli anni posteriori al Concilio, fiorirono molti studi di cristologia tanto da far affermare che fu il periodo più ricco ed abbondante di tutta la teologia; questi studi hanno sviluppi molto diversi tra loro, tra questi si possono annoverare quelle di W. Pannenberg, già citato, di Ch. Duquoc. e di Schillebeeckx, senza dimenticare i teologi della liberazione quali G. Gutiérrez, L.Boff, J. Sobrino ed altri.[37]

Alcune di queste pubblicazioni sono state considerate non in linea con la dottrina cattolica, e per questo intervenne la Congregazione della Dottrina della Fede, che, nel 1972 pubblica la dichiarazione *Mysterium Filii Dei.*[38]

Nella stessa si mette in evidenza come: «sono chiaramente opposte alla fede le opinioni secondo cui non sarebbe rivelato e noto che il Figlio di Dio sussiste *ab aeterno*, nel mistero di Dio, distinto dal Padre e dallo Spirito Santo; inoltre le opinioni secondo cui sarebbe da abbandonare la nozione di unica persona di Gesù Cristo, nata prima dei secoli dal Padre secondo la natura divina e nel tempo da Maria

---

[35] *Optatam Totius*,16.

[36] Cfr. J. A. RIESTRA, *Il dibattito sul valore e i limiti della dottrina calcedonense nella cristologia recente*, 94-95.

[37] Cfr. *Ibidem*, 95-96.

[38] Congregazione per la Dottrina della Fede,*Dichiarazione «Mysterium Filii Dei»*, AAS 64 (1972).

Vergine secondo la natura umana; e infine l'affermazione secondo cui l'umanità di Gesù Cristo esisterebbe, non come assunta nella persona eterna del Figlio di Dio, ma piuttosto in sé stessa come persona umana, e di conseguenza che il mistero di Gesù Cristo consisterebbe nel fatto che Dio che si rivela sarebbe sommamente presente nella persona umana di Gesù».[39]

Queste affermazioni vanno a correggere alcune interpretazioni rispetto alla preesistenza del Verbo sin dall'eternità ed anche le distinzioni delle persone della Trinità, che mettevano in questione l'identità del Cristo, la cui essenza veniva ridotta ad una esperienza della presenza di Dio, in Lui.[40]

Su questi temi, negli anni successivi, interviene anche la Commissione Teologia Internazionale che pubblica un documento dal titolo *Alcune questioni riguardanti la cristologia*[41] del 1979, in cui, si evince come, la ricerca storica sul Gesù non deve avere un atteggiamento antidogmatico, quindi, nello studio di una cristologia dal basso, è importante, eliminare i soliti pregiudizi, che tendono a tenere su due piani diversi il Gesù della storia e il Cristo della fede.

Viene puntualizzato, infatti, il tema dell'unità del Gesù terrestre e del Cristo glorificato, evidenziando come: «l'identità sostanziale e radicale di Gesù nella sua realtà terrena col Cristo glorioso appartiene all'essenza stessa del messaggio evangelico. Una ricerca cristologica che pretendesse di limitarsi al solo Gesù "della storia" sarebbe incompatibile con l'essenza e la struttura del Nuovo Testamento, ancor prima di essere rifiutata da un'autorità religiosa interna».[42]

Sempre nel documento, circa le affermazioni del Concilio di Calcedonia si evidenzia come il mistero dell'incarnazione, proprio, perché mistero, non può mai trovare parole umane che lo possano esprimere; tuttavia il Concilio procede per via negativa, proprio per porre una delimitazione, da cui, non è possibile allontanarsi.

Si mette in evidenza come il Concilio, abbia fatto coesistere due punti di vista lontani dalla logica filosofica greca: la trascendenza divina e l'immanenza divina.[43]

Nel documento si insiste anche sulla stretta relazione tra la cristologia e la

---

[39] *Ibidem*, 238-239.

[40]Cfr. J. A. RIESTRA, *Il dibattito sul valore e i limiti della dottrina calcedonense nella cristologia recente*, 96.

[41] Commissione Teologica Internazionale, *Documenti 1969-2004*, ESD, Bologna 2006, 164-191.

[42] *Ibidem*, 168.

[43] Cfr. *Ibidem*, 173.

soteriologia, in modo da non staccare dalla persona di Gesù Cristo il suo aspetto redentivo, evidenziando come: «Alcune speculazioni teologiche non hanno conservato sufficientemente questo legame intimo tra la cristologia e la soteriologia. Oggi è sempre necessario cercare come esprimere meglio la reciprocità mutua che lega questi due aspetti dell'avvenimento della salvezza, che in sé è unico».[44]

In un altro documento, della Commissione Teologica Internazionale, dal titolo *Teologia,Cristologia, Antropologia* del 1981, si ribadisce ancora il problema della preesistenza di Gesù, se letta all'interno del metodo storico-critico, come una concezione estranea alla fede biblica, un mito, una svalutazione della natura davvero umana del Cristo.[45]

Da questa breve descrizione, sul pensiero teologico nella recezione di Calcedonia, si evidenzia sempre di più la difficoltà di molti autori a capire, e a rendere più comprensibili, certi termini al pensiero moderno; se tale sforzo è assolutamente auspicabile, tuttavia bisogna tener presente, come è più volte emerso, che il linguaggio umano non può contenere la verità di Dio.

Quindi sarebbe auspicabile coniugare, all'aspetto dogmatico, l'aspetto esperenziale e contemplativo della figura del Cristo, a tale proposito ritengo importante citare il pensiero di un importante, Teologo e pensatore Russo quale Florenskij, il quale afferma come: «L'esperienza religiosa viva è l'unico metodo legittimo per conoscere i dogmi [...] solo attraverso l'esperienza immediata è possibile scorgere e valutare i tesori spirituali della Chiesa».[46]

3. Temi e prospettive principali emersi nella recezione del dogma di Calcedonia.

Come è stato sopra evidenziato, un grosso contributo alla recezione del Concilio di Calcedonia, tra i teologi del XX secolo, viene fornito da K. Rahner nel suo saggio *Problemi della cristologia d'oggi* con la prospettiva *antropologico-trascendentale.*

Nel saggio si evidenzia l'esigenza di una nuova riflessione cristologica della chiesa che prende avvio dall'incontro dell'uomo con il Cristo: è questo l'elemento fondante

---

[44] *Ibidem,* 180.

[45] Cfr. *Ibidem*, 207.

[46] P.A. FLORENSKIJ, *La colonna e il fondamento della verità*, Rusconi, Milano 1974, 35, in M. Bordoni, «L'esperienza di Gesù e la fede dogmatica di Calcedonia», in *LATERANUM* LXV (1999) 523.

di ogni cristologia.[47]

Il punto di partenza, per l'autore, è la capacità dell'uomo alla trascendenza, questo perché la natura umana ha la *potentia oboedientialis*, cioè la capacità obbedienziale alla incarnazione;

quello che preme all'autore è sottolineare come accanto alla logica trascendentale esiste la logica della rivelazione storica, in modo che l'uomo possa accogliere la rivelazione di Dio senza vedere in essa un modello mitologico, ma come qualcosa che è nelle sue possibilità.

Per spiegare più precisamente l'incarnazione di Dio, Rahner propone il concetto di *Salvatore assoluto.*

Questo portatore di salvezza è al contempo l'autocomunicazione di Dio a tutti gli uomini e la perfetta accettazione di questa autocomunicazione per tutti gli uomini: se ambedue le cose convergono la rivelazione è avvenuta in maniera irrevocabile e insuperabile.

«Con questi due aspetti dell'accettazione, Rahner chiarisce cha la Rivelazione avviene dialogicamente».[48]

L'autocomunicazione di Dio e la sua volontà di salvezza, se non fossero accolte in una volontà umana, non porterebbero ad alcun riscatto definitivo, perché non è possibile prescindere la salvezza dalla libertà umana.

L'evoluzione raggiunge il suo punto cruciale dove Dio e l'uomo, senza fondersi, sono uniti nel Dio-uomo: questa totalità divino-umana, di cui Gesù Cristo è la massima espressione, è manifestata dalla teologia con il concetto di *unione ipostatica*.

Quindi il Figlio è depositario personale e possessore della natura divina, e, a motivo dell'incarnazione è depositario anche della natura umana, questo è appunto ciò che emerge dal Concilio di Calcedonia.[49]

Rahner afferma che il compito della cristologia trascendentale è: «che si interroghi sulle possibilità aprioriche dell'uomo in ordine alla comprensione del dogma cristologico».[50]

---

[47] Cfr. R. GIBELLINI, *La Teologia del XX Secolo*, 249.

[48] M. SCHULZ, *Incontro con Karl Rahner*, Eupress, Lugano 2003, 119.

[49] Cfr. *Ibidem*, 120.

[50] K. RAHNER, *Corso Fondamentale sulla Fede*, Edizioni Paoline, Roma 1976, 267.

Passare da una cristologia "ontica", cioè a posteriori e categoriale che indica l'evento del Cristo, ad una cristologia "ontologica", che si pone il risultato di far comprendere ciò che è l'evento del Cristo.

La cristologia trascendentale, quindi, non vuole rimpiazzare la cristologia tradizionale, ma, vuole fare un passo in avanti rispetto al dato cristologico storico-dogmatico-teologico, per poter comprendere il messaggio del Cristo.[51]

Infatti se ci si fermasse al solo dato categoriale, delle affermazioni tradizionali del dogma, per quando esatte sotto il profilo oggettivo, si potrebbe rischiare di presentare la figura del Cristo come una figura mitologica.

L'autore su questo punto afferma: «Cerchiamo di guardare con la massima oggettività possibile la situazione spirituale dei nostri giorni: una persona non educata in ambiente e secondo una mentalità cristiana, sente l'enunciato "Cristo è il Dio fattosi uomo", la sua prima reazione è di rifiutarlo, quasi si trattasse di mitologema da scartarsi a priore come oggetto di riflessione e di discussione (come facciamo anche noi, quando sentiamo che il Dalai Lama si considera un'incarnazione del Budda)».[52]

Per questo la struttura portante della cristologia trascendentale poggia su tre elementi:

a) innanzitutto su una "antropologia trascendentale", cioè sulla capacità dello spirito umano ad essere aperto all'infinito mistero di Dio, in modo tale, che a questa apertura corrisponda la speranza che«Dio si doni all'uomo come compimento dell'infinita apertura umana».[53]
b) l'idea di un «Salvatore assoluto»: «Una cristologia trascendentale tende per sua natura ad un "Salvatore assoluto"»[54]; l'uomo, che è aperto alla trascendenza, formula l'idea coraggiosa dentro di se, che l'Assoluto verso il quale è proiettato non sia soltanto una meta illusoria, (alla quale tenda senza mai raggiungere), nella sua vita esistenziale, ma, che si comunichi al finito; in modo tale l'autocomunicazione dell'infinito renda l'uomo, partecipe dello stesso infinito.[55]
c) che il "Salvatore assoluto" corrisponda effettivamente con il salvatore storico di cui parla il Concilio di Calcedonia, quindi, quello che da sempre cerca l'uomo

[51] Cfr. R. GIBELLINI, *La Teologia del XX Secolo*, 249.

[52] K. RAHNER, *Teologia e Antropologia, Nuovi Saggi* III, Edizioni Paoline, Roma 1967, 65.

[53] M. SCHULZ, *Incontro con Karl Rahner*, 121.

[54] K. RAHNER, *Corso Fondamentale sulla Fede*, 278.

[55] Cfr. R. GIBELLINI, *La Teologia del XX Secolo*, 250.

nella sua trascendentalità è la sua idea verso il Salvatore che si trovi concretamente nella figura storica di Gesù.

L'autore dichiara: La cristologia trascendentale non fa scoprire,in modo da salvaguardare la non desumibile della storicità del Cristo, ma «fa cercare, e nel mentre si cerca fa capire quello che in Gesù di Nazaret si è trovato da sempre».[56]
Dalle idee esposte si evidenzia come la svolta *antropologico-trascendentale*, di Rahner nella sua cristologia è rappresentata su due linnee:

a) una, più cristologica, che evidenzia l'incarnazione di Dio come sua autocomunicazione nella storia in un continuo rapporto tra cristologia e antropologia, in modo che l'antropologia è "cristologia incompiuta" e la cristologia è "un'antropologia che trascende se stessa";
b) una, più soteriologica, nella quale c'è un maggior rapporto tra l'esistenza e la cristologia; un uomo capace di accettare la morte senza chiusure, e che affronta il futuro con un anelito di speranza, in modo da poter vivere già nel presente quello a cui tende.[57]

Un'altra prospettiva importante, per quando riguarda lo studio della cristologia successiva al Rahner, si evince dal teologo domenicano Schillebeeckx, il quale, nel periodo 1974-1989, scrive diversi saggi di cristologia[58], nei quali si evidenzia una prospettiva *esperienziale.*

L'autore afferma che nel Nuovo Testamento, il rapporto tra Gesù e i suoi discepoli, è un rapporto "sconvolgente e travolgente" nel quale si evidenzia una "esperienza di salvezza", che i discepoli hanno compreso e fissato per iscritto.[59]

Quindi, la rivelazione non va intesa, solo, come una dottrina, ma come l'autocomunicazione di Dio attraverso il Figlio, che diventa un "esperienza di salvezza" e viene messa per iscritto; l'elemento fondamentale è l'esperienza, invece,

---

[56] K. RAHNER, *Corso Fondamentale sulla Fede*, 277.

[57] Cfr. R. GIBELLINI, *La Teologia del XX Secolo*,251.

[58] Citerò i vari saggi scritti dall'autore a) *L'approccio a Gesù di Nazaret. Linee metodologiche*, Queriniana, Brescia 1972; b) *Esperienza umana e fede in Gesù Cristo. Un breve bilancio*, Queriniana, Brescia 1975; c) *Gesù, la storia di un vivente*, Queriniana, Brescia 1976; d) *Il Cristo, la storia di una nuova prassi*, Queriniana , Brescia 1980; e) *La questione cristologia. Un bilancio*, Queriniana, Brescia 1980; f) *Mensen als verhaal van God*, Nelissen, Baarn 1989.

[59] Cfr. R. GIBELLINI, *La Teologia del XX Secolo*, 355.

la dottrina serve all'approfondimento del dato *esperienziale* , che sta alla base, per la diffusione del dato stesso.[60]

L'autore nel proporre questo approccio *esperienziale* puntualizza alcune tematiche:

a) di tenere separate la sua tesi, da quella modernista, che vede il dogma come manifestazione dell'esperienza religiosa del credente; infatti, la rivelazione viene da Dio, e viene manifestata attraverso l'esperienze e nelle esperienze;
b) di separare, anche, la sua visione da una lettura fondamentalista della Bibbia, in quanto, la rivelazione viene mediata da fatti, esperienze ed interpretazioni.[61]

«La rivelazione nel suo complesso viene quindi mediata da un lungo processo, non soltanto di eventi, esperienze ed interpretazioni, ma anche di interpretazioni in determinati, differenti modelli o teorie».[62]

L' annuncio del messaggio di Cristo, per essere compreso dall'uomo di oggi dev'essere reso accessibile e persuasivo, in modo che non rimanga comprensibile solo per i teologi;

afferma quindi l'autore che bisogna proporlo come "catechesi d'esperienza" in modo, che, l'uomo possa percepire il messaggio come risposta liberante alla sua domanda di senso.

La teologia, infatti, deve avere sempre presente i due poli del messaggio, la tradizione e l'esperienza umana dall'altra.[63]

È in questa prospettiva che l'autore imposta il suo studio sulla cristologia, intraprendendo una ricerca *metadogmatica*: un'indagine che parte dall'esegesi storico-critica, senza toccare la tradizione dogmatica della chiesa di cui ne riconosce la piena legittimità.

Questa ricerca dell'autore non è una ricerca sistematica, ma, esegetico-teologico, al fine di ricostruire l' evento storico del primo cristianesimo, in modo da poter risalire dal Cristo della fede al Gesù storico.

Quindi si ripropone una cristologia narrativa, che ridia all'uomo moderno la capacità di vedere nei vangeli i resoconti storici del Cristo; e per questo adopera il metodo

---

[60] Cfr. *Ibidem,* 356.

[61] Cfr. *Ibidem*, 356.

[62] E. SCHILLEBEECKX, *La questione cristologica*. Un bilancio, 27.

[63] Cfr. R. GIBELLINI, *La Teologia del XX Secolo*, 357.

storico-critico in modo da esporre la storia di Gesù confessata come il Cristo.

Secondo l'autore: «l'assunzione del metodo storico critico è inevitabile, dato il carattere storico del cristianesimo. Il risultato dell'indagine storica non può convalidare e verificare la verità teologica della fede, ma può tenere aperto il dato storico all'interpretazione cristiana come una delle possibili interpretazioni, e pertanto a non escluderla».[64]

In questa sua analisi storico-critica, Schillebeeckx, attraverso lo studio dei vangeli sinottici, afferma che:«Il Credo fondamentale dei primi cristiani fu: Gesù di nazaret è il Cristo, cioè il totalmente pieno dello Spirito escatologico di Dio. Egli è la rivelazione escatologica e definitiva di Dio e con ciò stesso il paradigma dell'umanità escatologica».[65]

Il problema che sorge è la comprensione della realtà ontologica di Gesù, per questo, l'autore segue l'analisi moderna linguistica tra:

a) "First order assertionis", le asserzioni che esprimono la teologia di Gesù;
b) "Second order assertionis", le asserzioni che partono dall'elemento ontologico per esprimere la teologia su Gesù.[66]

L'autore ritiene che le interpretazioni che hanno portato ai dogmi cristologici, hanno cercato di risolvere i problemi in quel momento emergenti, attraverso una difesa forte del nucleo centrale della fede, e quindi possono essere identificate con le seconde asserzioni; cioè interpretazioni elaborate attraverso modelli accessibili nelle epoche passate, ma non più comprensibili all'interno di una società secolare.

Quindi, secondo Schillebeeckx un asserto di fede è comprensibile oggi se è capace di evidenziare in maniera rispondente alle spiegazioni ritenute valide dalla chiesa del passato, in modo tale che il criterio di una giusta fede non sia solo espressione di una "formula omogenea", ma «di una determinata relazione in cui delle espressioni successive (ciascuna nel proprio ambito contestuale) si trovino rispetto all'intenzionalità fondamentale della fede, interamente determinata dal mistero di Cristo».[67]

Quindi il dogma di Calcedonia, andrebbe re-interpretato secondo l'autore, in modo

[64] *Ibidem*, 358.

[65] E. SCHILLEBEECKX, *Gesù la storia di un vivente*, 576.

[66] Cfr. R. GIBELLINI, *La Teologia del XX Secolo*, 360.

[67] E. SCHILLEBEECKX, *Intelligenza della fede*, Paoline, Roma 1975, 97-98 in M.R. PECORARA MAGGI, *Il Processo a Calcedonia. Storia e Interpretazione*, 61.

tale che tra: «l'uomo Gesù, che è un essere umano-personale completo con una propria irriducibile coscienza e libertà, ma che anche sotto l'aspetto ontologico un'entità personale completa e il Figlio di Dio c'è un'identificazione ipostatica. L'entità personale umana, che è l'uomo Gesù, e l'entità personale divina, che è il Figlio, si identificano ipostaticamente in quanto costituiscono una sola persona chiamate Gesù».[68]

Secondo l'autore, infatti, non c'è contraddizione sul fatto che due persone si identificano in una, in quanto, la stessa unione mette insieme un modo finito e uno infinito di essere persona: la contraddizione si evidenzierebbe sé l'unione riguardasse due persone finite.

La persona non è un essere stabile ma attivo, un essere razionale, capace di esistere donandosi, quindi un idea di persona come interpersonalità.[69]

Il dogma di Calcedonia, sarebbe secondo Schillebeeckx, oggi comprensibile se lo si spogliasse dell'attribuzione data a Gesù di anapostasia, cioè, che la sua natura umana sarebbe priva della sua personalità ontologica sostituita da quella divina del Figlio, e si «sostenesse un'identificazione ipostatica tra il modo di essere personale umano di Gesù e il modo di essere personale infinito del Verbo».[70]

Rispetto ai temi emersi negli autori sopra citati, ritengo sia importante evidenziare un'altra prospettiva, sicuramente più radicale, del teologo olandese P. Schoonenberg che definisce Calcedonia come una soluzione solo di linguaggio ma non certo risolutiva dei problemi cristologici.[71]

L'autore parte dall'assunto di una teologia dal basso, che vede in maniera centrale l'umanità del Cristo, e per ovviare alla mancanza di ipostasi umana propone la teoria dell'enipostasi reciproca, una pericoresi tra Dio e Gesù nell'unica persona di Gesù Cristo.

Il percorso che lo porta a tale decisione, parte proprio dalla critica che l'autore rivolge a Calcedonia; infatti, nella sua opera *Un Dio di uomini*[72] ribalta l'assunto del Concilio affermando come elemento fondamentale la piena umanità di Gesù di Nazaret,

---

[68] M.R. PECORARA MAGGI, *Il Processo a Calcedonia. Storia e Interpretazione*, 62.

[69] Cfr. *Ibidem*.

[70] M.R. PECORARA MAGGI, *Il Processo a Calcedonia. Storia e Interpretazione*, 63.

[71] Cfr. Ibidem, 53.

[72] P. SCHOONENBERG, *Un Dio di uomini*, op. cit. , 8.

rifiutando l'elemento soteriologico del Salvatore senza la sua natura ipostatica.[73]

L'autore inizia la sua riflessione facendo sua l'asserzione di Rahner secondo la quale: " la Trinità economica è la Trinità immanente e viceversa", questo per evidenziare come è possibile conoscere di Dio solo quello che ci è stato rivelato, quindi «solo l'economia e non la teologia, che non possiamo né negare né affermare».[74]

Questa sua riflessione viene applicata dall'autore alla cristologia, mettendo subito in questione il dato della preesistenza di Gesù senza un riferimento al suo dato umano, «infatti, un figlio inteso come eterno Figlio del Padre e a lui consustanziale, in una cristologia esclusivamente dall'alto, può condurre ad una disumanizzazione dell'uomo di fronte alla preponderanza della persona divina».[75]

A tal proposito, secondo l'autore è importante distinguere tra preesistenza ed essere personale preesistente, che in questa seconda eccezione vuol significare che tutta la persona del Cristo, come sapienza e Figlio dell'uomo, erano sin dall'origine presso Dio; suffragata dall'autore nella scrittura di Paolo e Giovanni che vedono il Cristo, (Dio-Uomo), sussistere da sempre in Dio.

La preesistenza invece e vista in rapporto non alla persona, ma al dato trinitario, e trae origine dallo scontro con l'Arianesimo, per cui nel Concilio di Nicea, si è imposto il concetto di omoiusios, a tutela del dato di fede.[76]

Il concetto di preesistenza viene accolto dal Concilio di Calcedonia così come era presente con diverse accentuazioni dalle due scuole, quella alessandrina e quella antiochena, dove si evidenzia da una parte l'unità e dall'altra la dualità.

Nella sua recezione il Concilio fa suo lo schema della scrittura aggiungendo secondo l'autore il concetto delle due nature, «una tale distinzione si è resa necessaria proprio perché la persona preesistente è stata accettata come un dato di fatto e nello schema antiocheno veniva inserito accanto all'uomo Gesù».[77]

Lo schema del Concilio di Calcedonia viene completato dal Costantinopolitano II, dove si evidenzia come la persona di Gesù è quella del Logos, quindi l'uomo Gesù sarebbe anipostatico, tale impostazione non è accettata dal nostro autore che vede in

---

[73] Cfr. M.R. PECORARA MAGGI, *Il Processo a Calcedonia. Storia e Interpretazione*, 54.

[74] *Ibidem*.

[75] *Ibidem*, 55.

[76] Cfr. *Ibidem*.

[77] P. SCHOONENBERG, *Un Dio di uomini*, 65.

una tale impostazione un impoverimento dell'umanità del Cristo.

Anche perché nella impostazione antropologica di Schoonenberg, Dio ed uomo non sono contrapposti, ma l'uomo si riconosce meglio come tale, se in sé vi è la presenza di Dio, la stessa cosa deve essere traslata in Cristo, quindi la sua divinità ed umanità non vanno viste in concorrenza, ma come reale presenza divina nell'umana.[78]

«Lo schema che guida Schoonenberg è quello della contemporaneità o della presenzialità. Gesù è l'uomo nel quale Dio si fa pienamente presente, nel quale c'è Dio stesso. Gesù e così ripieno di Dio, che Dio è in lui totalmente presente. La presenza di Dio coincide con l'umanità di Gesù».[79]

Con la sua impostazione l'autore capovolge completamente il dettata conciliare ed afferma: «nella pienezza della personalità umana di Gesù si dispiegano i tratti della sua natura divina»[80], con il risultato che in Gesù si dispiega la natura umana e non la natura divina, la quale diventa una presenza indeterminata.

Per avallare la sua tesi, porta a suo vantaggio le opinioni di Giustino e Papa Leone circa la sofferenza di Gesù, che lo fanno essere della stessa sostanza dell'uomo.

L'autore vede nel Concilio due grosse mancanze: l'incompletezza e l'imperfezione.

Per quanto riguarda la prima, essa è da riferirsi all'assenza del riferimento scritturistico della storia della salvezza, infatti, se nella scrittura c'è la distinzione tra l'umanità e la divinità, con l'attribuzione di "in confuse" nel dettato conciliare, secondo l'autore, si da la percezione che Gesù ha vissuto una vita non pienamente umana.

La seconda mancanza si delinea nel dualismo posto dal Concilio, per cui le due nature essendo poste sullo stesso piano, secondo l'autore, possono essere interpretate come somma delle due, che conduce alla determinazione di due nature.[81]

Nella sua riflessione, l'autore, parla di enipostasia del Verbo in Gesù, dove per enipostasia si intende: «presente nell'ipostasi, che è l'uomo Gesù, ricevendo da detta ipostasi la propria ipostaticità».[82]

---

[78] Cfr. M.R. PECORARA MAGGI, *Il Processo a Calcedonia. Storia e Interpretazione*, 56.

[79] T. VAN BAVEL, «Cristologia non-calcedonese. Note all'impostazione teologica di P. Scoonenberg», in *Teologia del presente* 2 (1972), 278.

[80] M.R. PECORARA MAGGI, *Il Processo a Calcedonia. Storia e Interpretazione*, 57.

[81] Cfr. *Ibidem*.

[82] *Ibidem*, 58.

Le forti critiche che ebbe il suo pensiero lo portarono a non usare più il termine di enipostasia del Verbo, ma, nella sua opera *Un Dio di Uomini*, parlerà di enipostasia reciproca, nel senso di una pericoresi dell'umano e del divino, tale da evidenziare come la persona del Cristo non è solo divina o solo umana, ma come una persona umano-divina.[83]

Accanto alle tesi sopraelencate, molte altre si sono imposte all'attenzione degli studi cristologici, che sostanzialmente rimarcano le tesi sin qui esposte, come quella del Kasper, di Küng, di Pannenberg, di Bonhoeffer, nell'ultimo decennio del XX secolo sulle tematiche cristologiche si evedenzia lo studio di un gesuita J. Moingt[84] il quale sottolinea l'aporia tra l'enunciato del Concilio rispetto alla storia di Gesù Cristo descritta nei vangeli, evidenziando come tale dislivello è causa della riflessione teologica precedente a Calcedonia, che poneva al centro non la lettura dei vangeli in senso narrativo rispetto alla vita di Gesù, ma leggevano la vita del Cristo come il Figlio eterno di Dio.[85]

La sua linea di riflessione cristologica parte da una critica delle cristologie di Rahner, Schoonenberg e Schillebeeckx, e punta la sua attenzione al pensiero dei Padri che portarono appunto al dettato Conciliare di Calcedonia.

L'autore ammira il grande sforzo dei Padri, di conciliare le tesi latine e greche per arrivare ad un'affermazione unitaria, i cui componenti mostrano l'influenza di espressioni prese sia dall'atto d'unione di Cirillo che dell'influsso di Leone circa la proprietà delle nature.

Il termine *natura* sottoposto da Leone ai Padri, sottintendeva anche quello di *sostanza* precisando come *la proprietà delle nature o sostanze fosse salvaguardata nell'unica persona.*

I Padri vedevano in questo accostamento tra *natura* e *sostanza* un depotenziamento della persona, e per questo sostituirono il termine sostanza, ed inserirono al termine ἕν πρόσωπον (una persona), il termine ἕν ὑπόστασιν che specificava meglio il peso ontologico della persona del Cristo.[86]

---

[83] Cfr. *ibidem*.

[84] Il testo di riferimento è: J. MOINGT, *l'home qui venait de Dieu*, Les Editions du Cerf, Paris 1993, che si trova nel testo della MAGGI op. cit., 6, di cui espongo una sintesi in base alla critica che L'autrice ha svolto nella sua opera dottorale.

[85] Cfr. M.R. PECORARA MAGGI, *Il Processo a Calcedonia. Storia e Interpretazione*, 96.

[86] *Ibidem*, 91-92.

Secondo l'autore, il dettato conciliare sulle due nature in un'unica persona, può portare a letture, che da una parte vanno incontro al pensiero latino (duale) dell'Uomo-Dio, dall'altra al pensiero greco (dell'unità) quindi dell'unica natura teandrica del Verbo incarnato.

Questa divergenze emergono meglio se si prende in esame la teoria della *communiocatio idiomatum*, in essa l'autore denota una difficoltà , infatti, quando Leone afferma: che "Gesù è passibile e impassibile" dice una verità non completa in quanto è più giusto affermare che è "passibile nell'umanità" e "impassibile nella divinità".[87]

Quindi la sua impassibilità lo fa sussistere nella nostra natura umana passibile senza assoggettarsi ad essa; in questo l'autore vede un sbilanciamento tutto a favore della natura divina e per questo afferma:

> «l'unica persona significa il soggetto di diritto che esercita la sua egemonia sull'umanità e ne rivendica la *proprietà* e attribuisce a se stesso tutto ciò che di umano c'è in essa, ma senza accogliere in sé e per sé, nel suo proprio, *in suis*, le *proprietà* di questa natura, poiché glielo vieta il suo statuto divino. Egli è il *totus Deus in nostris*, ma non reciprocamente *totus homo in suis*. Non può esserlo. Secondo lo stesso modo di vedere, il concetto Uomo-Dio significa uno stato d'associazione, Dio e uomo, piuttosto che di integrazione, perché non si può dire "uomo in Dio" con la stessa verità di "Dio nell'uomo"; una linea non di separazione, ma tuttavia di dislivello e di chiusura resta tracciata tra le due nature, unite dalla persona, ma ciascuna che conserva ilo "suo proprio" all'interno della sua "particolarità"».[88]

Con questa sua affermazione l'autore conferma come la *communiocatio idiomatum* sia incompleta rispetto alle due nature di Cristo.

Un'altra difficoltà, viene evidenziata dall'autore, circa la lettura diversa che si può fare nell'applicazione dell'espressione di Calcedonia che afferma: «Insegniamo a confessare un solo e medesimo Figlio, il Signore nostro Gesù Cristo, [...], in due nature».[89]

Tale espressione o evidenzia il solo Cristo in due nature cancellando nell'unità di Cristo la dualità delle nature, oppure affermando che il due delle nature rimane tale

---

[87] *Ibidem*, 92.

[88] J. MOINGT, *l'home qui venait de Dieu*, in . M.R. PECORARA MAGGI, *Il Processo a Calcedonia. Storia e Interpretazione*, 92.

[89] M.R. PECORARA MAGGI, *Il Processo a Calcedonia. Storia e Interpretazione*, 93.

anche dopo l'unione.[90]

Questo, secondo l'autore era dovuto alla difficoltà di far conciliare i diversi concetti greci e latini, e quindi ai malintesi cha da essi scaturivano; infatti, è proprio la scelta nella formula conciliare "in due nature" al posto di "da due nature", che ha fatto crescere i fraintendimenti e le divisioni nella chiesa.

È proprio nella perdita del passato che si è creato tale disagio, poiché già prima del Concilio di Calcedonia si ha questa astrazione rispetto alla storia con la lettura dei vangeli non come la narrazione degli eventi umani di Gesù, ma ontologicamente come il Figlio preesistente.

Il discorso teologico, quindi, afferma l'autore, elude il discorso storico per dar vita alle anomalie di termini quali "consustanziali" e "perfetto".

Il termine consustanziale secondo Moingt dice solo della sua identità ontologica con il Padre ma non con noi uomini, in quanto «egli non è uno di noi come è uno della trinità poiché non riceve dalla sua natura umana il principio di individualità»[91].

Quando al termine perfezione, va visto non alla percezione morale ma alla sua divinità che l'autore esplicita come «semplicità dell'essenza divina che prescinde dalle sue proprietà»[92]che rende difficile una vera kenosi di Cristo.

Dunque, secondo l'autore,la difficoltà del Concilio di Calcedonia è posta nella perdita della storia a discapito dell'elemento ontologico, prodotta da una cristologia discendente, che non può far riferimento alla storia e non può nello stesso tempo ritornare ad essa, evidenziando l'impossibilità di parlare di una vera kenosi del Figlio, che lo renda un vero uomo.

4. Conclusioni

Il Concilio di Calcedonia come tutti i Concili non sono esaustivi nella definizione della figura del Cristo, ma, possiedono come intendo quello di rispondere alle problematiche che in quel determinato momento storico emergono; in modo da porre dei punti nodali, nella risposta antieretica, dalla quale non si può prescindere per i successivi studi cristologici.

---

[90] Cfr. *Ibidem.*

[91] *Ibidem*, 94.

[92] *Ibidem.*

A tal proposito la formulazione del Concilio si presenta con un carattere più spiccatamente ontologico, perdendo di vista l'aspetto storico della vicenda del Cristo.

Questa sua peculiarità ha esposto Calcedonia sin da subito a studi, critiche e miglioramenti

da parte degli studi cristologici, in modo da colmare lo scarto esistente tra il Cristo della fede e il Gesù storico.

In questa ottica, le riflessioni che si sono succedute nei secoli sulla portata del dettato Conciliare, si sono concentrati verso una rielaborazione di Calcedonia, in modo che lo stesso intriso di un forte linguaggio filosofico, potesse essere comprensibile all'uomo moderno.

Questo è stato lo sforzo profuso, in maniera più evidente dai teologi del XX sec. in un ambito squisitamente occidentale; la loro preoccupazione era trovare una soluzione linguistica e contenutistica alla disposizione conciliare in modo da renderlo più accessibile e intelligibile alle istanze odierne.

Questa ricerca importante, ma anche a volte contraddittoria da parte di alcuni autori come emerso nelle pagine precedenti, non ha tenuto a mio avviso in debito conto dell'apporto degli studi di autori ortodossi, come Bulgakov, il quale nel saggio: "L'agnello di Dio", dà un suo contributo importante alla lettura del testo conciliare che non va disatteso.

L'autore scrive questo suo saggio nel 1933, ed in esso approfondisce la figura del Cristo, partendo da una cristologia classicamente patristica, colma di una dimensione contemplativa, liturgica e iconografica.

L'elemento apofatico della sua teologia e la dialettica antinomica sono fondamentali per comprendere il sua approccio alla definizione di Calcedonia, infatti per l'autore è importante che le quattro definizioni in negativo del Concilio, possano essere rilette in positivo in modo da poter approfondire due concetti rilevanti per Bulgakov:

1) Lo *Spirito personale*, vivente in una natura ipostatica;
2) Il fondamento del rapporto tra natura divina e natura umana.

L'autore evidenzia come la risposta a queste istanze trova la sua soluzione guardando al mistero della Tri-unità divina che illumina e si fa illuminare dal mistero cristologico.

Queste tematiche che verranno sviluppate nei capitoli seguenti, vogliono mettere in evidenza come nella comprensione della nostra fede non si può disattendere, dalla teologia orientale, che letta criticamente può donare un suo valido contributo alla verità del Cristo.

Capitolo II°

Lettura critica di Bulgakov della recezione Patristica di Calcedonia

1. Apollinare di Laodicea e la questione cristologica

Nello sviluppo dal kerigma al dogma, che porterà alle conclusioni esposte nel Concilio di Calcedonia, una posizione importante ricopre Apollinare vescovo di Laodicea amico e collaboratore di Atanasio.

Apollinare è il primo, secondo Bulgakov, che rivolge l'attenzione alla questione della Teantropia (il rapporto esistente tra la divinità e l'umanità in Cristo), e presenta il problema cristologico subito dopo la definizione di Nicea, che formula la identica sostanza tra il Padre ed il Figlio e pone di fatto la tesi della coesistenza dell'umanità e divinità in Cristo.

Nell'affrontare il problema, Apollinare, parte dal presupposto soteriologico, per il quale: "non può essere salvato ciò che non è assunto", quindi si discosta con forza dalle idee di Ario affermando che Cristo è: «il Figlio perfetto di Dio»,[93] e ponendo il suo insegnamento sulla linea dell'unità rispetto a quella della dualità sostenuta dalla scuola antiochena.

In questa sua riflessione Apollinare utilizza «il modello antropologico stoico-alessandrino che già prima di Apollinare aveva fatto ingresso nella teologia, operando così una profonda ellenizzazione del kerigma».[94]

Attraverso questa visione, il termine natura (physis) non è visto come astratto ma dotato di una propria azione vitale, quindi l'incarnato è una «unità composta in forma umana».[95]

Nel suo pensiero è importante il concetto di «unità di natura tra logos e carne che è vicino all'idea di unità di sostanza (ousia) considerata anch'essa unica nell'Incarnato e di persona (hypostasis) usata sempre da Apollinare , la prima volta, in cristologia per interpretare l'unità di Cristo».[96]

---

[93] S. N. BULGAKOV, *L'agnello di Dio il Mistero del Verbo Incarnato*, Città Nuova, Roma 1990, 42.

[94] M. BORDONI, *Gesù di Nazaret Signore e Cristo,*vol. 3. *il Cristo annunciato dalla Chiesa*, 813.

[95] *Ibidem.*

[96] A. GRILMEIER, *Gesù il Cristo nella fede della chiesa,*I, 1-2: *dall'età apostolica al Concilio di Calcedonia* (451), Paidea, Brescia 1982, 621.

Nel mettere insieme questa unità di natura, sostanza e persona forma una sintesi il cui movente è il Logos, che diventa quindi centro vitale di Gesù Cristo, che è formato dal Verbo-Carne.

Quindi si evidenzia un monofisismo cristologico, nel quale si vede diminuita la portata dell'umanità del Cristo a dispetto della sua divinità, perché secondo l'autore: «se a un perfetto uomo si fosse unito un perfetto Dio, allora sarebbero stati due, l'uno figlio di Dio per natura, l'altro per adozione».[97]

Apollinare, seguendo l'antropologia greca che scorgeva a fianco dell'anima e del corpo un elemento superiore ed uno inferiore, intende l'incarnazione come il Verbo eterno di Dio che scambia e rimpiazza l'elemento superiore dell'anima, quindi l'incarnato era il Verbo eterno al quale si era unito l'elemento inferiore dell'animo umano, con un corpo umano, mancando dell'elemento superiore dell'anima.[98]

In questo modo si esclude la volontà umana, il potere decisionale risiede dunque nel Logos che è immutabile, rispetto a quella umana che è mutabile, quindi non avrebbe garantito la nostra salvezza.

Le tesi dottrinali di Apollinare di Laodicea vennero condannate nel Concilio di Costantinopoli (381), insieme ad altre dottrine erronee.

Bulgakov, nell'affrontare il pensiero di Apollinare, fa emergere non solo l'aspetto negativo della sua cristologia, ma evidenzia come il suo studio sia stato importante per lo sviluppo del kerigma.

Apollinare, prima di tutto, secondo il Nostro, per salvaguardare l'unità di Cristo mette in evidenza, come la sua unità sia composita, e lo fa attraverso un linguaggio che non essendo ontologico, ma descrittivo spesso cade nello schema psicologico.

Questa riflessione è causa della sua impostazione antropologica sull'uomo, che si manifesta incompleta, e su cui la critica si è più concentrata rispetto alla globalità del pensiero di Apollinare.

Per l'autore il punto di partenza è la differenziazione sul piano antropologico tra l'uomo celeste e l'uomo terrestre: quindi l'incarnazione è una sintesi dei due, e non l'unione di due esseri completi, se in Adamo uomo terrestre, vi è uno spirito creato,

---

[97] *Antierrheticus*, 39 (Denz., 388) in S. N. BULGAKOV, *L'agnello di Dio il Mistero del Verbo Incarnato*,44.

[98] Cfr. J.NEUNER-J. DUPUIS, *La Fede Cristiana nei documenti dottrinali della Chiesa cattolica* San Paolo, Cinisello Balsamo 2002, 207.

in Cristo il principio spirituale viene sostituito dal Logos.[99]

La salvezza del genere umano per Apollinare infatti , può essere realizzata se il Cristo non è solamente uomo, ma se in tale umanità si evidenzia lo spirito divino.

Apollinare, esprime nella sua cristologia un evidenza antropologica che è vista come tripartita (spirito, anima, corpo); di conseguenza il Cristo viene visto all'interno di questa visione triplicista, «corpo, anima razionale e spirito ipostatico il quale nel Dio-uomo è sostituito da Logos, Cristo con l'anima e il corpo, avendo Dio al posto dello spirito, cioè della mente».[100]

Bulgakov, si sofferma di più sugli aspetti positivi che Apollinare ha portato alla cristologia e non sulla fusione di errori e verità che ritiene siano state il motivo predominante di tutti i Padri, considerati maestri della chiesa.

2. Cirillo di Alessandria. La cristologia alessandrina

Cirillo di Alessandria, ha rappresentato il pensiero della scuola alessandrina, che ha nella cristologia dell'unità, il vertice del suo pensiero.

Cirillo è arcivescovo di Alessandria in un periodo storico nel quale Costantinopoli è sede primaziale in oriente, influenza, che la stessa Alessandria avrebbe voluto ricoprire e per tale motivo si è accordata con Antiochia.

Siffatto accordo risultava scomodo sul piano politico per Alessandria, che aspettava l'occasione propizia per scontrarsi con Antiochia: tutto ciò dimostra come l'azione politica non era marginale rispetto le dispute di carattere teologico.

Cirillo che era nipote di Teofilo, il quale si era adoperato con successo per screditare il suo rivale della scuola antiochena e patriarca di Costantinopoli, Giovanni Crisostomo, trova l'occasione di scontrarsi con gli antiochena quando Nestorio diventa patriarca di Costantinopoli.

Infatti, Nestorio espone il suo disappunto circa il titolo di Teotokos da addebitare a Maria, in quando secondo il pensiero della scuola antiochena, «egli tiene ben distinte in Cristo le proprietà della divinità e quelle dell'umanità, ravvisa in Maria solo la madre dell'uomo Gesù e non certo di Dio».[101]

Questa tesi, scatena la risposta di Cirillo che nell'esprimere la sua teologia è per la

---

[99] Cfr. S. N. BULGAKOV, *L'agnello di Dio il Mistero del Verbo Incarnato*,49.

[100] S. N. BULGAKOV, *L'agnello di Dio il Mistero del Verbo Incarnato*,53.

[101] M. SIMONETTI, *Studi di Cristologia Postnicena*, 332.

maggior parte condizionato dalle polemiche, tanto da dar vita non ad una teologia propria, ma di carattere antinestoriana e più in generale antiochena.[102]

Quindi, nell'individuare la sua dottrina, bisogna tener conto del pensiero teologico degli avversari; egli parte da una opposizione all'arianesimo e all'apollinarismo per affermare le sue tesi cristologiche in risposta alla scuola antiochena e a Nestorio in particolare.

Per differenziarsi dal pensiero di Apollinare, mette in evidenza come Cristo ha assunto un'umanità completa di anima e corpo, evidenziando come l'anima di Cristo ha un valore e significato solo formale e non rappresenta per nessun motivo un secondo centro di energia rispetto all'unico centro che è il Logos.

Precisazione questa ultima che gli serve a respingere la visione difisita della scuola antiochena.

Cirillo, vede l'umanità del Cristo completa, ma solo come strumento passivo ed obbediente alla sua divinità che gli serve per poter operare la sua missione nel mondo.[103]

Nell'esprimere il suo pensiero cristologico, che vede il Cristo come un solo soggetto che unisce in sé la divinità e l'umanità in modo integro e completo, non corrisponde con altrettanta chiarezza l'uso terminologico per pronunciare questi concetti.

L'autore, usa il termine *hypostasis*, (realtà individua e sussistente) per qualificare l'unico soggetto, rifiutando il termine più sintetico di *prosopon*, usato da Nestorio, oppure confondendo ipostasi e natura in Dio e nell'uomo, evidenziando una non sufficiente idea antropologica, che rende difficile comprendere pienamente la sua cristologia.

Quando parla di *hypostasis*, parla dell'ipostasi del Logos, nella quale si dispiega l'umanità assunta completa ma priva di una sua ipostasi; la sua idea di unità poggia appunto sull'idea di unica ipostasi, che in base alla *communicatio idiomatum* , vede trasferire al Logos i caratteri tipici dell'umanità, per cui il Figlio di Dio ha sofferto, ed è morto sulla croce con la sua umanità restando impassibile nella sua divinità.[104]

La formula con la quale Cirillo evidenzia la sua cristologia è: «il Cristo è uno da due

[102] Cfr. S. N. BULGAKOV, *L'agnello di Dio il Mistero del Verbo Incarnato*,62.

[103] Cfr. M. SIMONETTI, *Studi di Cristologia Postnicena*, 333.

[104] *Ibidem*, 334.

nature, εἱς εξ ἁμφοιν oppure εἱς εχ δύο φύσεων».[105]

Quindi le due nature prima dell'incarnazione, si trovano unite dopo l'incarnazione, senza escludere una dualità di natura, senza mescolanza, senza fusione unite in un unico soggetto.

Sorprende l'affermazione delle due nature, nella visione di un discorso unitario, che verrà usato dai difisiti per ledere l'autorità di Cirillo nei confronti dei monofisiti, non verrà più usato d'alessandrino, il quale negli anatematismi per esprimere l'unione tra le due nature, parla di unione naturale (henosis physické).

Tuttavia nell'esprimere questa unione, Cirillo, afferma che può essere accertata soltanto nella contemplazione, in disaccordo con Nestorio secondo cui la differenziazione è nella effettività di due persone.[106]

Cirillo, se non si pone il problema della realtà della natura divina, la quale rimane tale anche dopo l'incarnazione, se lo pone rispetto alla natura umana: «A quest'ultima si attribuisce piena realtà prima dell'incarnazione, ma, dato che allora come individuale Umanità di Cristo essa non esisteva, è evidente che tale preesistenza può essere intesa solo in astratto, platonico, di universale che precede il particolare, o di somma di certe proprietà. Questa realtà l'acquista solo dopo l'incarnazione, quando cioè secondo Cirillo non si può riconoscere l'esistenza altrimenti che "nella contemplazione"».[107]

Quindi per l'autore l'umanità viene vista solo come un rivestimento, impoverita e ridotta semplicemente ad un insieme di attributi assimilati dal Logos, ma, questa pienezza viene comunque sostenuta dall'autore contro ogni forma di docetismo.

Nelle affermazioni sulla passione di Cristo, sulla sete, la fame e su tutte le situazioni umane del Cristo, non le attribuisce alla sua forma di schiavo come evidenziato dagli antiocheni nella persona del beato Teodoreto, ma all'unità dell'unico Cristo.

Bulgakov evidenzia in Cirillo aporie, inesattezze, imprecisioni terminologiche, tuttavia loda la capacità di aver tenuto il timone dell'ortodossia, grazie ad una forte coscienza ecclesiale ed anche alla capacità di non aver ravvisato le contraddizioni e le oscurità della sua teologia, che lo hanno protetto da una deriva eretica.[108]

---

[105] S. N. BULGAKOV, *L'agnello di Dio il Mistero del Verbo Incarnato*, 69.

[106] Cfr. *Ibidem*, 70.

[107] *Ibidem*.

[108] Cfr. *Ibidem*, 60-77.

L'eresia di Eutiche , infatti, è portare all'estreme conseguenze il pensiero unitario di Cirillo.

3. La cristologia antiochena nei suoi maggior rappresentanti

La scuola antiochena ebbe un importante sviluppo tra il V e VI secolo, per poi cessare la sua influenza dopo il Concilio di Calcedonia, lasciando la scena al monofisismo.

Con i suoi maggiori rappresentanti, come Diodoro di Tarso, Teodoro di Mopsuestia, Nestorio e il Beato Teodoreto, cerca di bilanciare la teologia alessandrina ponendosi come antitesi della stessa.

La caratteristica fondamentale della teologia antiochena è una maggiore attenzione verso l'umanità di Cristo; tale impegno viene profuso nell'incarnazione, tutelando nel rapporto Dio-Uomo, la verità dell'umano in Cristo.

Compito che la scuola alessandrina non poteva ottemperare visto che nella sua visione di unità del rapporto Dio-Uomo, l'aspetto umano veniva visto come secondario, superfluo rispetto al dato divino, quindi o l'umano veniva assorbito dal divino oppure l'umano veniva visto come elemento illusorio.[109]

Nel contrastare questa visione la scuola antiochena rischia di accentuare troppo l'aspetto umano nel Cristo, tale da portare non solo alla dualità delle nature ma alla dualità delle persone, per questo i pensieri delle due scuole vanno viste nella loro sintesi, perchè se prese da sole nella loro teologia non portano alla verità di Cristo, ma entrambe rischiano una deriva eretica.

Nel difendere l'autenticità dell'umanità nell'incarnazione, la teologia antiochena pone in evidenza due elementi:

a) la possibilità dell'uomo ad essere chiamato a questa unione;
b) la possibilità che la sua identità umana venga preservata.

Il primo elemento è evidenziato dagli antiocheni dal fatto che l'uomo è ad immagine di Dio, un immagine che nella creazione non è completa, ma, viene portata a compimento proprio attraverso l' incarnazione di Cristo.

Per il secondo aspetto, la componente importante è la libertà di Cristo nella sua

[109] Cfr. *Ibidem*, 79.

umanità e anche la pienezza della stessa.[110]

Questa ultima, infatti, non può secondo la scuola antiochena sussistere senza la sua ipostasi, al punto che Teodoro di Mopsuestia afferma: «Quando distinguiamo le nature, parliamo della natura perfetta del Dio-Verbo e della sua perfetta persona: ουδέ γάρ απρόσωπον έστιν υπόστασιν ειπειν, poiché non c'è ipostasi (cioè, in questo caso, natura) impersonale, e (parliamo) nel medesimo modo della natura umana e della persona».[111]

Con persona tuttavia non si intende essere individuale ma reale concretezza della natura, questa precisazione è importante per capire la portata antropologica della scuola antiochena e comprendere meglio la sua teologia.[112]

La scuola antiochena e la scuola alessandrina hanno sicuramente in comune un'insufficienza terminologica che molto spesso non riesce a supportare le loro idee, e nello stesso tempo è causa di contrasti e malintesi nel confronto tra le loro tesi.

I concetti di natura, di personalità e di individualità molte volte vengono compresi nel termine di ipostasi, che viene considerato spesso, come sinonimo di natura e a volte di persona.

Il capostipite della teologia antiochena è Teodoro di Mopsuestia, il quale insieme a Diodoro di Tarso fu l'ispiratore della visione cristologica di Nestorio; della cristologia antiochena, Diodoro cerca di superare le aporie del pensiero, circa la dualità delle persone che tenta di oltrepassare.

Teodoro fu apprezzato nell'ambiente antiocheno come importante esegeta, infatti, critica l'esegesi allegorica degli alessandrini a favore di un'esegesi più strettamente consona al testo biblico che egli spiega attraverso la parafrasi, la metafora e ad altre figure retoriche.

Nei suoi scritti esegetici l'autore descrive il Cristo come colui che ha rivelato la trinità in Dio a differenza dell'AT che rivela l'unicità di Dio.

La sua opera è pervasa da una visione escatologica che descrive delle due età, quella del presente dominata dal peccato e quella del futuro che sarà caratterizzata dall'assenza del peccato.

Nel corso dell'età presente, tuttavia, secondo l'autore, si è verificato l'evento

110 Cfr. *Ibidem*.

111 TEODORO DI MOPSUESTIA, *De Incarnatione*, 1. VIII, PG 66, 981.

112 Cfr. S. N. BULGAKOV, *L'agnello di Dio il Mistero del Verbo Incarnato*, 80.

fondamentale della salvezza dell'uomo, cioè l'Incarnazione di Cristo che ha modificato il corso dell'età presente, tale da costituire un anticipazione di quella futura.[113]

Tra i suoi scritti troviamo l'opera sull'incarnazione in lingua siriaca che venne persa durante la prima guerra mondiale, ed alcune omelie catechetiche e il commento sul vangelo di Giovanni nei quali è possibile scorgere il suo pensiero riguardo alle dispute cristologiche del tempo.

Partendo dalle posizioni di Apollinare di Laodicea, che negava al Cristo la parte più nobile dell'anima, Teodoro non vede l'unione come apparenza ma come *synapheia* e non *henosis* come per gli alessandrini.

Nello specificare questa unione l'autore pone in essere tre possibilità: che tale unione sia avvenuta o per mezzo della sostanza o dell'energia o della buona volontà.

Scarta le prime due, perché non possono risiedere in un essere creato e reputa possibile l'ultima, quella della volontà che tuttavia pone l'autore in difficoltà visto che la buona volontà è un concetto morale e quindi non ontologico.[114]

Teodoro però, vede la buona volontà come un concetto ontologico dopo l'incarnazione, infatti afferma: «Essendosi unito mediante la volontà buona con Dio-Verbo, Egli (Cristo) divenne inseparabile da lui, avendo in tutto con Lui una sola e medesima volontà, e una sola e medesima azione, né c'è un legame più forte di Questo».[115]

La verità della natura umana, preservata nell'unione delle due nature, per Teodoro è la conseguenza che Cristo, ha vissuto nella sua vita una realtà umana libera e una condotta morale responsabile.

In questa sua affermazione, tuttavia evidenzia una fragilità del suo pensiero, perché sé postula l'unione tra le due nature sin dalla nascita, non, può parlare nello stesso tempo di una libertà umana libera sin dalla nascita, visto che non può manifestarsi nel seno materno.

Allora cerca di aggirare l'ostacolo parlando di unione sin dall'età infantile per un

---

[113] Cfr. M. SIMONETTI, «*Teodoro di Mopsuestia*», in A. DI BERARDINO, GIORGIO FEDALTO, MANLIO SIMONETTI (edd.), *Letteratura Patristica*, San Paolo, Cinisello Balsamo 2007, 1152-1153.

[114] Cfr. S. N. BULGAKOV, *L'agnello di Dio il Mistero del Verbo Incarnato*, 82.

[115] TEODORO DI MOPSUESTIA, *De Incarnatione*, 1013.

singolare onore, conferitogli grazie alla divina predizione.[116]

In questo suo costrutto teologico, nel quale si evidenziano la responsabilità morale, l'identità e l'autonomia dell'umanità in Cristo, quindi una realtà umana pienamente vissuta dal Cristo, gli impediscono di vedere l'umanità del Cristo o assimilata da quella divina oppure ridotta ad uno strumento accessorio.

Per questo è portato a sostenere la dualità delle due nature che lo porterà alla condanna postuma del Concilio di Costantinopoli del 553 (Tre capitoli).

Nel suo commento al vangelo di Giovanni, infatti, la natura umana di Gesù rispetto al Logos divino viene visto come talmente distante da essere percepito come un'altra persona rispetto a quella divina, ed anche l'uso di definire l'umanità di Gesù come Figlio di David rispetto a Figlio di Dio, ne evidenziava una differenziazione più che un unità.

Per questo la soluzione adottata dall'autore per parlare di unione delle due nature è quella di parlare di una, *synapheia* (congiunzione) in un *prosopon*.

Ambedue i termini venivano visti con diffidenza dalla scuola alessandrina, la quale usava il termine *henosis* per parlare di unione, in quanto più incisivo di quello antiochena, mentre per esprimere il concetto di persona la scuola alessandrina usava il termine *hypostasis* perché visto più personalizzante rispetto a *prosopon*, che nella sua etimologia voleva significare maschera, quindi qualcosa di apparente e non essenziale.[117]

Nonostante la buona volontà dell'autore di venire a capo in modo soddisfacente della verità del Cristo, la sua visione difisita per l'appartenenza alla scuola antiochena era destinata all'insuccesso, in quanto molto spesso nelle sue visioni teologiche l'uomo Gesù era visto come un altro soggetto da affiancare a quella del Logos divino.

La teologia di Teodoro, viene ripresa da Nestorio ed espressa nella controversia con Cirillo per quando riguarda il titolo di Teotokos, Madre di Dio, in quanto per Nestorio come esponente del pensiero antiocheno era importante tenere distinte le proprietà della divinità da quella dell'umanità in Cristo.

Maria è la madre di Cristo e non di Dio, quindi l'appellativo Teotokos per l'autore era fonte di equivoci, e per questo preferiva l'appellativo di Cristotokos.

La questione di carattere terminologico, tuttavia era marginale e interessava Nestorio

---

[116] Cfr. S. N. BULGAKOV, *L'agnello di Dio il Mistero del Verbo Incarnato*,83.

[117] Cfr. M. SIMONETTI, «*Teodoro di Mopsuestia*», 1155.

solo per le questioni di carattere cristologiche che esse implicava, cioè comprendere il modo di intendere il rapporto delle due nature in Cristo.

Per Nestorio, come per Teodoro, non può esistere una natura senza un ipostasi o meglio specificato dagli antiochena come *prosopon,* la sua preoccupazione era tutelare l'integrità della natura umana in Cristo, capace di libera iniziativa come affermava appunto Teodoreto.

Nestorio non può accettare le formule di unione proposte da Cirillo o per natura o secondo l'ipostasi, in quanto la natura non è reale se ad essa non è legato il *prosopon*, per questo parla di unione come *Kat'eudokian*, condiscendenza, compiacenza, che va intesa come unione intenzionale del Logos con l'uomo.[118]

L'unione delle due nature che sono concrete e reali per Nestorio, da vita ad una nuova persona, cioè la *persona dell'unione*, Cristo, che si differenzia dal Logos all'esterno dell'incarnazione e da Gesù come persona umana.[119]

Gran parte del pensiero di Nestorio è conosciuto dalle sue polemiche con Cirillo, tuttavia nel suo trattato, *Eraclide,*[120] viene alla luce in modo più limpido e basilare il suo pensiero.

L'autore si impegna a ricercare la verità indiscussa dell'umanità in Cristo ed attacca Cirillo di non umanità perché:«non riconosce l'uomo completo nella natura umana e nelle azioni, e che Dio in Lui non era una natura umana, ma era nella natura umana e nelle azioni, di modo che Dio-Verbo era ambedue le nature».[121]

Per Nestorio la verità dell'unione sussiste nella pienezza delle due nature, che si estrinseca sulla concreta forma del *prosopon*, quindi entrambe le nature non possono essere riconosciute senza la persona, tuttavia nell'unione le due nature si completano in modo da sussistere in una sola persona .

Il concetto di persona viene meglio specificato da Nestorio nell'*Eraclide* nella quale afferma: «il *prosopon* non sussiste senza sostanza, e però sostanza e *prosopon* non sono la stessa cosa».[122]

---

[118] Cfr. M. SIMONETTI, *Studi di Cristologia Postnicena*, 334.

[119] Cfr. S. N. BULGAKOV, *L'agnello di Dio il Mistero del Verbo Incarnato*, 87.

[120] È estratto dal libro di BULGAKOV, cit, nel quale si evidenzia l'importanza per la comprensione della dottrina di Nestorio, è in lingua siriaca, della quale esiste una traduzione francese (1910), dal titolo *il libro di Eraclide di Damasco*.

[121] S. N. BULGAKOV, *L'agnello di Dio il Mistero del Verbo Incarnato*,89.

[122] *Ibidem*, 90.

L'autore connette il *prosopon* con la *morphe*, di Fil 2, per specificare come Cristo: «essendo nella forma di Dio, assume la forma di servo, non secondo la sostanza, né secondo la natura, ma secondo la somiglianza e il *prosopon*, per partecipare della forma di schiavo e affinché la forma dello schiavo partecipasse della forma di Dio, e vi fosse necessariamente un *prosopon* con due nature, perché la forma è il *prosopon*».[123]

In queste affermazioni Nestorio mette in evidenza un pensiero che diventa l'elemento trainante della sua cristologia, cioè, che nell'unione «le due persone delle due nature formano un'unica *Persona di unione*, Cristo».[124]

Nestorio, nell'*Eraclide*, provò di racchiudere «l'unità duale, come unità, non delle nature, ma dei loro centri personali».[125]

Bulgakov vede, nella speculazione di Nestorio, una anticipazione su una domanda non solo senza risposta, ma anche non individuata e vietata dal rifiuto della teologia antiochena del III e IV concilio ecumenico.[126]

All'interno della disputa con Cirillo una voce importante nel mondo antiocheno fu rappresentata da Teodoreto, Vescovo di Ciro, il quale, nonostante la sua investitura episcopale, non rinunciò ai suoi ideali monastici di cui intrise le sue scelte di vita.

Le sue capacità, sia di predicatore che di teologo, erano considerate di grande rilievo tanto da essere investito, nel 430 dal Vescovo di Antiochia, a confutare i dodici anatemi di Cirillo.

Nella sua trattazione, accusa Cirillo di apollinarismo difendendo la legittimità del duofisismo della scuola antiochena e protestando contro le accuse mosse allo stesso Nestorio.[127]

Prende parte al Concilio di Efeso, insieme a Giovanni d'Antiochia, dove viene scomunicato; cerca per quando possibile di ristabilire la comunione con gli alessandrini firmando l'atto di unione del 433 senza condannare Nestorio.

---

[123] *Ibidem.*

[124] *Ibidem*, 91.

[125] *Ibidem*, 95.

[126] Cfr. *Ibidem.*

[127] Cfr .J. N .GUINOT, «*Teodoreto di Ciro*», in A. DI BERARDINO, GIORGIO FEDALTO, MANLIO SIMONETTI (edd.), *Letteratura Patristica*, San Paolo, Cinisello Balsamo 2007, 1147-1148.

Tuttavia, nel corso delle sue dispute con Cirillo e la successiva autorizzazione a partecipare al Concilio di Calcedonia, portarono Teodoreto a condannare Nestorio, non tanto nella persona quando in un teorico nestorianesimo.

Nella sua teologia, il Vescovo di Ciro, mantiene l'idea di Nestorio per quando riguarda le due nature, però si allontana dall'idea delle due ipostasi naturali e mette in maggior rilievo la dottrina dell'unica ipostasi nell'incarnazione, senza spiegare in concreto come si debba intendere questa unione.[128]

Tra i numerosi suoi scritti, tanto da venir definito come uno dei più fecondi autori ecclesiastici del V sec., un componimento dottrinale di grande interesse per comprendere a pieno il suo pensiero teologico è : l'Eranistes, lavoro che consta di tre dialoghi tra un ortodosso, che rappresenta lo stesso autore e l'Eranistes, portavoce delle tematiche monofisite che con grosse difficoltà aderisce alle tesi dell' ortodosso.

Il dialogo si incentra su tre tematiche:

a) l'Immutabilità;
b) l'Inconfondibilità;
c) l'Impassibilità.

Nella prima tematica ci si sofferma sul problema dell'immutabilità di Dio in contraddizione all'incarnazione; le tesi dei due disputanti non porta ad alcuna soluzione, in quanto per entrambi è assolutamente fondamentale la realtà dell'unione e respingono con forza ogni forma di docetismo.

Tuttavia, entrambi aderiscono ad una visione cristologica che non porta alla realtà dell'antinomia, che è inevitabile, ma ad una contraddizione logica che è invece inammissibile.[129]

Nella seconda tematica, si affronta l'unione delle due nature guardandole dall'ottica della non confusione tra le stesse.

Eranistes porta avanti le sue visioni teologiche, nelle quali distingue le due nature prima dell'unione e ne riscontra una sola dopo l'unione tale da essere tacciato dall'ortodosso di confondere le nature.

L'ortodosso contesta la visione dell' Eranistes, evidenziando l'unioni di due nature, senza supportare la sua tesi da giuste osservazioni, se non da paragoni tratti da analogie del mondo fisico, come:« la luce che riempie l'aria, il ferro che si fa

---

[128] Cfr. S. N. BULGAKOV, *L'agnello di Dio il Mistero del Verbo Incarnato*, 95-96.

[129]Cfr. *Ibidem*, 97.

incandescente nel fuoco, ecc»,[130] che non possono essere chiarificatrici circa il senso dell'unione.

Nella terza tematica si affronta il problema della sofferenza di Cristo nella sua esistenza terrena: in questa disputa l'ortodosso si dimostra, rispetto alla visione antiochena, più vicino alle tematiche di Cirillo.

Egli, infatti, fa perno sull' unità della persona di Cristo, tanto da affermare che, grazie ad essa, Cristo assume la verità della natura umana e quindi anche la sofferenza.

Questo suo sviluppo della tematica di unione, che ha portato il pensiero antiocheno dalle due nature alle due persone naturali, per poi sfociare nell'unica *Persona dell'unione,* è un percorso che secondo Bulgakov non è facilmente riscontrabile ma evidenzia come il suo avversario Cirillo si assoggettò alla verità della chiesa, rinunciando di fatto al suo pensiero teologico.

In questo non si può non scorgere l 'agire dello Spirito Santo che guida la chiesa, tanto da conformare l'idea dei Padri alla verità della chiesa; dopotutto il dogma di Calcedonia altro non è che la rinuncia e la sintesi di posizioni che nella sola teologia alessandrina- antiochena non poteva trovare soluzioni.[131]

4. Il Concilio di Calcedonia nella sintesi Patristica

Il lungo processo delle dispute cristologiche che porta al Concilio di Calcedonia è preceduto dall'epistola indirizzata all'arcivescovo di Costantinopoli Flaviano da parte di papa Leone I.

La necessità di questa lettera è dovuta al perdurare del pensiero teologico alessandrino da parte di Dioscuro, successore di Cirillo, nonostante la formula di unione del 433.

Dioscuro nel suo impeto contro il nestorianesimo concepiva l'unione come realizzata sul piano della natura e non su quella della persona, quindi, l'umanità e la divinità distinte prima dell'unione si fondono in un'unica natura teantrica.

L'archimandrita Eutiche porta questa teologia all'estreme conseguenze, in modo da dar vita alla eresia monofisita.

La cristologia di Cirillo, infatti, non poteva non condurre a un monofisismo nonostante l'autore non lo fosse; d'altronde Eutiche non fa altro che accelerare

[130] *Ibidem*, 98.

[131] Cfr. *Ibidem*, 99-100.

questo processo affermando:«Nostro Signore era costituito di due essenze prima dell'unione, ma dopo l'unione io professo una solo essenza (μία φύσιν)».[132]

Questa diventa l'affermazione comune del modo di pensare monofisita, anche se le affermazioni di Eutiche molto spesso sono esposte in modo non chiaro, tanto da affermare che il Signore che è perfetto Dio, si è unito alla natura umana attraverso la vergine di cui è consustanziale ma non lo è con noi, «il corpo di Dio non è un corpo di uomo, ma è un corpo umano».[133]

La reviviscenza della dottrina Cirilliana, attraverso Eutiche, dimostrava che l'ago della bilancia nella disputa cristologica si stava spostando verso le tematiche alessandrine, che portate all'estreme conseguenza dava vita al monofisismo.

A tal proposito c'era bisogno di correggere il tiro evidenziando anche la tesi antiochena della dualità, per arrivare ad una sintesi che potesse esprimere la verità sull' incarnazione.

Tutto questo avviene grazie alla lettera di papa Leone Magno che viene definita dal Bulgakov:«splendida anzitutto per il suo stile classico e per le lapidarie formulazioni delle sua antitesi, è una gloria della Sede Romana, occupata allora da un grande Papa, e rappresenta in un certo senso una svolta nello sviluppo del dogma, sulla via che porta a Calcedonia. Qui si trova la formula ortodossa delle due nature dell'unica ipostasi che fu alla base della definizione calcedonense».[134]

La straordinaria importanza della lettera nasce dal fatto che non si pone all'interno della disputa cristologica per esserne assorbita, ma sta fuori dalla sintesi teologica vera e propria, ponendo come tematica centrale l'aspetto soteriologico[135], importante

---

[132] *Acta Conciliorum Oecum.*, III, 287, Mansi VI, 784, in S. N. BULGAKOV, *L'agnello di Dio il Mistero del Verbo Incarnato*, 101.

[133] S. N. BULGAKOV, *L'agnello di Dio il Mistero del Verbo Incarnato*, 101.

[134] Ibidem, 102.

[135] È importante evidenziare su questo argomento il contenuto della lettera: «Non è utile per la salvezza ed è ugualmente pericoloso riconoscere il Signore Gesù Cristo, o soltanto Dio senza uomo, o soltanto uomo senza Dio» (cap. V); «di nostro vi è in Lui l'Umanità, che è inferiore al Padre, e dal Padre Egli ha la divinità, uguale al Padre» (cap. IV); «Per conferire alla nostra condizione ciò che bisognava, la natura impassibile si è congiunta con la natura soggetta al dolore e, come esigeva la nostra salvezza, il solo ed unico mediatore tra Dio e l'uomo, l'uomo Gesù Cristo, poteva morire secondo l'uno (*ex uno*) e non poteva morire secondo l'altro (*ex altero*). E' così il vero Dio nacque nell'intera e completa natura di vero uomo, tutto nel suo (*totus in suo*) e tutto nel nostro... Egli prese la forma di Schiavo senza la sozzura del peccato, elevando l'umano e non sminuendo il divino» (cap. III); Questa unione si è compiuta «conservando le proprietà dell'una e dell'altra

per la comprensione dell'incarnazione.

La lettera non ci dice come vanno comprese le nozioni di persona o di natura, ma afferma come il concetto di natura può essere inteso con il concetto di forma (μορφέ) così come descritto nella teologia di Paolo in Fil 2, 6-7.

Nell'addurre questa spiegazione Papa Leone con la sua epistola non apporta una chiarificazione al concetto, ma, viene vista dalla scuola antiochena come l'elemento per comprendere come da «due nature-forme deriva il *prosopon* di unione, differente e nello stesso tempo identico con i due *prosopa* naturali».[136]

Della scuola antiochena degli inizi, la lettera di papa Leone condivide la visione di Cristo per quando riguarda ciò che è proprio del divino e ciò che è proprio dell'umano: i miracoli sono quell'aspetto di Cristo da annettere alla natura divina, mentre la nascita dalla carne, con tutte le sue implicazioni quali fame, sete, stancarsi, dormire, avere compassione, sono la testimonianza della sua natura umana.[137]

Le affermazioni di papa Leone danno la possibilità alle due parti di una base su cui partire per l'accordo che avverrà a Calcedonia, tuttavia spostano l'asse verso la scuola antiochena, tanto da scontentare la parte integralista del pensiero monista, e, da scatenare la loro reazione che culminerà nelle tesi monofisite.

Con il Concilio di Calcedonia si arriva a quella sintesi tra la scuola alessandrina e quella antiochena fatta di concessioni e negazioni che partono dalle dispute cristologiche del IV sec.

Secondo Bulgakov un aspetto importante, da non sottovalutare, è comprendere come il Concilio, nel suo contenuto di definizione dogmatica, non esprime un vantaggio dal punto di vista teologico, vista la sua forte portata innovatrice, tanto da anticipare i tempi e dimostrarsi in quel contesto storico e non solo, uno schema astratto più che una dottrina.[138]

Molte questioni esterne hanno contribuito alla sua stesura, sia di carattere politico che

---

sostanza» (cap. III), però con «l'unità della persona (*personae*) concepibile nell'una e nell'altra natura» (cap. V), cioè «della persona di Dio e dell'uomo (*Dei et hominis una persona*) (cap. IV) e senza mescolanza delle essenze: «in Lui inseparabilmente rimane ciò che è proprio della divinità e dell'umana natura». S. N. BULGAKOV, *L'agnello di Dio il Mistero del Verbo Incarnato*, 102-103.

[136] S. N. BULGAKOV, *L'agnello di Dio il Mistero del Verbo Incarnato*, 104.

[137] Cfr. *Ibidem*.

[138] Cfr. S. N. BULGAKOV, *L'agnello di Dio il Mistero del Verbo Incarnato*, 106.

civile, infatti, posto in essere come risposta al monofisismo, trova tra le sua fila anche membri che capeggiano per la teologia di Cirillo, tale da portare ad un accordo tra la dottrina di Cirillo con la lettera di papa Leone Magno.

In questo accordo è da evidenziare come il pensiero presentato da Cirillo all'assise non è contenuto nella lettera scritta a Nestorio, ma in quella indirizzata a Giovanni Antiocheno, nella quale fu inserita la formula di Unione del 433 che non caratterizza del tutto il pensiero di Cirillo.

Si presenta, infatti, un Cirillo più accogliente alle proposte antiochene, evidenziando "l'unione ipostatica" come unione nella persona e non nella natura che invece era caratterizzante della teologia di Cirillo.[139]

Questo accordo non portò subito ad una distensione tra le due fazioni, anzi, la stessa lettera di Leone Magno, venne messa in discussione da alcuni vescovi dell'Illaria che dipendevano giuridicamente da Roma; tuttavia, ogni verifica dottrinaria fu messa a tacere.

Bisogna anche evidenziare come un enunciato di tipo dogmatico era stato voluto dai poteri politici e non dai Padri che volevano fermarsi agli enunciati antichi e rifiutare i diktat della politica.

Solo con la minaccia da parte dell' imperatore Marciano si arrivò ad uno schema che fu accettato come decisione dogmatica del Concilio.

Quindi, più che il frutto di una saggezza teologica, fu mossa da questioni di carattere concreto che vedono nella pratica politica romana e nel potere imperiale la sua fonte, senza tuttavia disconoscere che fu un vero e proprio prodigio dogmatico che andava al di là della teologia espressa in quel periodo.[140]

Se dal punto di vista teologico presenta le difficoltà sin qui esposte, offre tuttavia una forte impronta di carattere soteriologico che può essere espressa in alcuni punti: «1) per la salvezza dell'uomo mediante la sua associazione alla vita divina (divinizzazione) è necessario che in Cristo "la divinità abiti corporalmente, cioè la Persona divina, *inseparabile* dalla sua divina natura; 2) è pure necessario che sia stato pienamente assunta la "perfetta "essenza umana, senza alcuna limitazione; 3) quindi è necessario che questa non sia stata una qualche singola individualità umana, che comporterebbe una limitazione, ma, 4) nello stesso tempo, per la pienezza della sua

---

[139] Cfr. *Ibidem*, 108.

[140] Cfr. *Ibidem*, 109.

umanità, non può restare non ipostatizzata, e perciò, 5) l'ipostasi del Logos diviene anche ipostasi umana. In tal modo è soteriologicamente postulata la dualità delle nature con l'unicità della persona, ipostasi».[141]

Le antinomie che essa esprime nei quattro aggettivi negativi (senza confusione, senza mutamento, senza divisione, senza separazione) è il dato sul quale si pone la maggior difficoltà di comprensione, visto l'incapacità di vederle in positivo.

Con il Concilio si conclude in un certo senso la disputa cristologica, che vede l'esaurirsi del pensiero antiocheno e il prolungamento del pensiero alessandrino con il monofisismo, il quale comunque non pone nuove questioni cristologiche fondamentali, ma offre contenuti teologici importanti per la storia del dogma.

All'interno della tematica cristologica, prodotta dal Concilio, una lettura significativa per la comprensione dello stesso dogma, e anche per il superamento delle teologie della scuola antiochena e alessandrina, risiede nella teologia del polemista Leonzio di Bisanzio.

Lo stesso, infatti, obietta con le due eresie cristologiche, quella nestoriana e quella monofisita e si colloca come strenuo difensore del dogma calcedonense.

Per intendere quello che dal con Concilio è emerso, cioè l'unità delle due nature nell'unica ipostasi, escludendo ogni forma di monofisismo o difisismo, espone la sua teoria dell'in-ipostatizzazione (ἐνυποστασία).

Leonzio espone la sua teoria facendo tesoro della concezione di Aristotele circa la differenza tra sostanza ed ipostasi.

Per cui la sostanza è l'essere di qualcosa, a cui seguono il genere e la specie, mentre l'ipostasi è l'essere nella sua completezza nella quale si differenziano i suoi propri attributi che Leonzio chiama come Aristotele, accidenti.[142]

Dal pensiero aristotelico, l'autore trae la conclusione che la realtà di un essere risiede nella sua ipostaticità per cui non può esserci un essere senza l'ipostasi.

Quindi, nell'unione delle due nature in un'unica ipostasi, l'unico mezzo che si ha per evidenziare la verità-realtà dell'unione risiede appunto nell'in-ipostatizzazione;

«Secondo tale idea, l'insieme di certe proprietà presenti in una natura e priva di ipostasi si unisce in-ipostaticamente con un'altra natura, non più come insieme di

---

[141] S. N. BULGAKOV, *L'agnello di Dio il Mistero del Verbo Incarnato*, 111-112.

[142] Cfr. *Ibidem*, 115.

proprietà o accidenti separati, ma conservando, per così dire, la propria persona naturale e non esistendo soltanto come attributi (o naturalità) ma come natura».[143]

Questa per l'autore era un importante risposta all'interpretazione teologica di Calcedonia; però, la stessa pone il problema della preesistenza delle due nature in Cristo: infatti la difficoltà si evidenzia sulla natura umana che l'autore nega come preesistente alla sua incarnazione, anche se poi attesta che l'umanità di Cristo non è espressa in senso generico ma è la stessa natura umana; in caso contrario non avrebbe avuto alcun rapporto con noi.

Altra questione, rispetto alla sua teoria, è la *communicatio idiomatum,* nel senso che se è facile capire l'influenza che la natura divina ha sulla natura umana, più difficile è la comprensione circa l'influenza della natura umana su quella divina, se non ricorrendo al principio della kenosi.[144]

Secondo Bulgakov Leonzio pone il problema dell'attività teandrica in Cristo, senza una giusta risoluzione, anche perché, «la realtà divino-umana di Cristo resta certamente sempre un mistero per l'uomo, poiché supera la capacità della coscienza umana, non solo, ma anche dell'umano modo di esistere (in quanto un essere umano non può avere due nature né albergare in sé la Divinità».[145]

E' importante, circa la teologia di Leonzio, tener presente gli studi attuali, che in un certo senso ribaltano la tesi sin qui esposta, che è stata influenzata dagli studi di F. Loofs del 1887, il quale in una sua monografia su Leonzio, afferma che: «il termine *enhypostaton* sarebbe stato un vocabolo nuovo coniato da Leonzio per esprimere in modo concettualmente nuovo l'unità delle due nature in Cristo e avrebbe indicato un certo assorbimento di una natura rispetto all'altra».[146]

Quindi, rispetto all'incarnazione, si evidenzia come la persona del Verbo ha assunto in sé una un'altra natura, senza però dar vita ad una seconda ipostasi, espressione questa della teologia neocalcedonense.

Oggi invece si evidenzia come Leonzio non fu il sostenitore dell'enipostasia, riferita alla natura umana di Cristo, invece l'autore afferma che: «l' *enhypostaton*, non coincide né con l'ipostasi, né con l'essenza, né con gli accidenti, mentre sembra

[143] *Ibidem*, 116-117.

[144] Cfr. *Ibidem*, 126.

[145] *Ibidem*.

[146] C. DELL'OSSO, *Leonzio di Bisanzio*, », in A. DI BERARDINO, GIORGIO FEDALTO, MANLIO SIMONETTI (edd.), *Letteratura Patristica*, San Paolo, Cinisello Balsamo 2007, 827.

identificarsi con le "qualità essenziali"di una natura, infatti esse non sono l'essenza, né l'ipostasi, né possono considerarsi gli accidenti, hanno il loro proprio essere nell'essenza e non sono percepibili in se stesse».[147]

Quindi Leonzio esprimeva con il termine enipostasia le qualità delle due nature di Cristo nell'incarnazione e non il concetto di enipostasia della natura umana del Verbo che è da attribuire alla scuola neocalcedonense.

Leonzio fu invece un tenace difensore della formula calcedonense rispetto alle tesi nestoriane e monofisite severiane.[148]

[147] *Ibidem*.

[148] Cfr. *Ibidem*, 828.

5. Conclusioni

I Padri della chiesa, nella risoluzione delle questione cristologiche emerse nel III sec e protrattasi sino a Calcedonia, hanno portato avanti il loro pensiero, ma con le difficoltà terminologiche dovute al significato stesso delle parole oltre che alle sue interpretazioni.

Con Apollinare di Laodicea, si pone la questione cristologica della teantropia, dell'unione in Cristo delle due nature, interpretata diversamente dalle due correnti teologiche di quel periodo;

la scuola alessandrina con la sua visione monista, che puntava sull'unione più che sulla dualità delle nature, spogliando di interesse la verità della natura umana che diventava un appendice della natura divina.

Questa visione teologica, che ebbe in Cirillo il suo maggiore esponente, portata ai suoi estremi dà vita con Eutiche alla eresia monofisita, con l'assorbimento della natura umana nella natura divina.

La scuola antiochena, con la sua visione difisita cerca di controbilanciare la tesi alessandrina, ponendo la sua attenzione sulla dualità delle nature per evidenziare la realtà della natura umana, tuttavia nella sua comprensione non può sussistere una natura senza un ipostasi, quindi l'unione da vita ad una "*Persona dell'unione*" diversa dal Logos e da Gesù, ponendo quindi di fatto con Nestorio l'idea di due persone.

Il Concilio di Calcedonia, con la sua formula dogmatica dell'unica ipostasi del Logos nelle due nature, porta a sintesi i due pensieri teologici che presi da soli non potevano essere risolutivi della verità di Cristo.

Come è comprensibile il Concilio se da una parte e la pietra biliare nella conoscenza del Cristo, tuttavia lascia aperte alcune problematiche, che sin dalla fine del Concilio vengono alla luce, e che investe il pensiero della teologia fino ai nostri tempi.

3° Capitolo

La proposta di Bulgakov sulla lettura di Calcedonia. prospettiva kenotica-trinitaria

1. L'incarnazione

Nell'affrontare il tema dell'incarnazione di Gesù Cristo, Bulgakov inizia il suo discorso teologico dalla creazione, perché in esso ne ravvede un profondo e imprescindibile nesso[149], infatti afferma: «si può anche dire che il mondo, nel quale si sarebbe incarnato, Dio lo ha creato per l'incarnazione. Questa non è soltanto il *mezzo* della redenzione, è la più alta realizzazione del mondo, superiore alla stessa creazione. Con l'incarnazione Dio ha dimostrato quale sia il suo amore per il creato».[150]

Quindi, nonostante le difficoltà umane di comprendere l'uscita di Dio dalla sua eternità, che rimane un mistero della vita divina dell'Altissimo, accettata da noi dalla fede nella sua rivelazione, il mondo è, nel suo esistere, creazione di Dio.

Tale creazione, comunque non è un atto parziale di Dio o un suo desiderio irragionevole, ma conserva in sé un principio divino che per il Nostro si esplicita con la Sofia divina: «la cui immagine è il fondamento del mondo, che è Sofia creata. In altre parole, il mondo ha in sé qualcosa di divino anche per Iddio, è sua autorivelazione».[151]

Nel discorso teologico di Bulgakov non si può prescindere dalla dottrina sofiologica che, nonostante le sue difficoltà e la sua ancora inesplorata portata, è un elemento di comprensione determinante per cogliere la sua riflessione complessiva su Dio.

Per il Nostro: «la sofiologia è un *Weltanschaung*, una visione cristiana del mondo, una concezione teologica, o se si vuole dogmatica, che caratterizza una tendenza (per nulla prevalente) dell'ortodossia, come lo sono, per esempio, il tomismo o il modernismo in rapporto al cattolicesimo, il "gesuanismo" liberale o il barthismo in rapporto al protestantesimo. Il punto di vista sofiologico definisce un interpretazione particolare dell'insieme dei dogmi e delle dottrine, da quelli che concernano la Santa

---

[149] Cfr. P. CODA, «Trinità, Sofiologia e Cristologia in S. Bulgakov» in *LATERANUM*, LIX (1993), 134.

[150] S. N. BULGAKOV, *L'agnello di Dio il Mistero del Verbo Incarnato*, 225-226.

[151] *Ibidem*, 215.

Trinità e l'incarnazione fino alle questioni del cristianesimo pratico d'oggigiorno».[152]

Per questo motivo è importante esplorare il concetto della sofiologia che sarà essenziale per il prosieguo della lettura cristologica di Bulgakov.[153]

---

[152] S. N. BULGAKOV, *La Sagesse de Dieu*, L'Age d'Homme, Lausanne 1983, 13.

[153] Il concetto sofiologico nella teologia di Bulgakov è importante, ma nello stesso tempo difficile sia nella esplicitazione che nella comprensione, per questo mi avvarrò degli studi svolti da P. Coda e da L. Zak, per meglio delinearne la portata. Questa dottrina è stata molto criticata oltre che dalla teologia neo-patristica russa anche della teologia occidentale. Fonda le sue radici sia nella spiritualità che nell'iconografia russa, infatti il suo punto di partenza risiede nell'inculturazione del cristianesimo nella città russa di Kiev, dove la Santa Sofia che nella tradizione bizantina viene identificata con la seconda persona della SS. Trinità, nella tradizione russa ha uno slittamento in Maria come icona di bellezza di Dio. «questa interpretazione mariologica del tema sofiologico è strettamente connesso con il tema cosmico-creativo: la sofia non è soltanto la personificazione in Maria, oltrochè in Cristo, il Dio-Uomo, ma esprime la presenza stessa del divino nella creazione». (P. CODA, «Trinità, Sofiologia e Cristologia in S. Bulgakov» in *LATERANUM*, LIX (1993), 114). Il Nostro viene influenzato oltre che dalla dottrina di Solievev, il primo ad esplorare una visione sofionica come sintesi della filosofia e della teologia, anche da Florenskij, che la colloca in prospettiva ecclesiale e ortodossa come ebbe a dire Bulgakov nella sua opera *La Sagesse de Dieu.* Il Nostro partendo dalle testimonianze bibliche dell'AT, presente nei *proverb*i cap 8-9; nel libro di *Giobbe* 28, 20-27 e nella *sapienza* cap. 7-8, tenda di innalzare il discorso sofiologico alla dimensione più propriamente teologico-trinitaria. (Cfr. P. CODA, «Trinità, Sofiologia e Cristologia in S. Bulgakov», 120-121).

Facendo tesoro delle fonti teologiche presenti sia nella tradizione greca, ripresa da Gregorio di Palamas sulle energie divine, che nella tradizione latina, con Agostino che afferma: come la sapienza non può essere predicata soltanto al Verbo ma a tutte e tre le divine persone, (Ibidem, 124), esplicita la sua dottrina sofiologica, partendo dal concetto di *ousia*, che in rapporto al concetto di ipostasi, formano i poli antinomici del dogma trinitario.

«le tre ipostasi hanno la propria natura (*ousia*) non in comune, non in dominio comune e, tuttavia, non l'hanno conosciuta per sé (sarebbe triteismo) ma l'hanno come unica per tutte, eppure non solo comune né uguale per ciascuna (che sarebbe non l'homousia ma la homoiousìa). Razionalmente questo non può essere espresso se non come uguaglianza del disuguale». (Ibidem, 128). Quindi, la via di approfondimento dell' *ousia* divina nel suo rapporto antinomico con l'ipostasi è offerta appunto dalla sofia, che viene definita dal Nostro come :«*ousia* di Dio nella sua rivelazione». (Cfr. P. CODA, *l'altro di Dio. Rivelazione e kenosi in S. Bulgakov*, Città Nuova, Roma 1998, 29), la sofia: «si fonda sull'atto rivelativo dell' *ousia* di Dio, [...], la sofia stessa non è un ipostasi divina. Tuttavia, essa "non è mai senza un ipostasi o fuori di un ipostasi". Si può dire: essa è/esiste, in quanto è eternamente ipostitizzata, dove per ipostatizzazione si pensa alla rivelazione dell'*ousia* per mezzo delle ipostasi divine». (L ZAK, «Kenosi di Cristo e mistero della chiesa nella sofiologia di S.N. Bulgakov», in *SapCr*, XX (2005), 128. «La natura divina è l'unica per le tre persone della trinità, dove ciascuna persona la possiede in proprio per sé e per le altre persone entro il circolo trinitario. In Dio Padre non si può parlare di sofia perché dimora nella profondità nascosta della sua natura, mentre il Figlio e lo Spirito Santo rivelano la divina *ousia* ipostatizzandola come sofia. Il Figlio la ipostatizza come, l'unità del tutto, lo Spirito come bellezza di Dio». (Ibidem). Quindi la

«Il mondo è creato, ma non solo creato, perché nel suo prototipo, nella sua idea, non è affatto creato, ma è in Dio dall'eternità come suo mondo divino nella divina sapienza, come parola del suo Verbo e come respiro dello spirito».[154]

Il Nostro mette in evidenza come il mondo, pur essendo un atto della creazione di Dio, non vive uno stato di perfezione, ma è attraverso l'accoglienza dell'uomo che arriva al suo perfezionamento.

Tuttavia lo stato di peccato dell'uomo pone la creazione nella situazione di essere elevata attraverso la provvidenza di Dio, che non è un atto al di là della creazione, ma nella creazione stessa, poiché agisce attraverso la libertà dell'uomo, che porta in seno l'immagine di Dio.

Quindi, nel creare il mondo, il Signore non ha posto solo la sua autorivelazione, ma ha inteso rapportarsi con esso attraverso gli uomini e gli angeli, in modo che per mezzo di essi possa discendere nel mondo.[155]

Dopo aver evidenziato l'importanza che l'uomo riveste nella creazione, Bulgakov mette in risalto come la divinizzazione dell'uomo non è una violenza ontologica, ma è un processo che risiede in se stesso, visto che è espressione dell'immagine di Dio, quindi racchiude nel suo essere il divino-umano della creazione a cui tende.

Il rapporto tra Dio e l'uomo avviene con la autocomunicazione di Dio, così come espressa dalla bibbia, in un rapporto dialogico, nonostante il peccato dell'uomo che non gli impedisce di ricercarlo nella sua vita.

Ricerca che sin dalle origini ritrova nella sapienzialità del mondo, quindi puramente naturale, dando la possibilità di accogliere la rivelazione di Dio come popolo eletto, attraverso la sua parola ed ispirazione.[156]

Questa rivelazione di Dio, secondo Bulgakov, non può essere espressa secondo quella dicotomia che vuole L'AT come rivelazione di Dio e il NT come rivelazione del Figlio.

---

sofia per Bulgakov, altro non è che la natura di Dio in quanto si rivela a livello intratrinitario nel Figlio e nello Spirito, come multiforme sapienza di Dio. . (Cfr. P. CODA, «Trinità, Sofiologia e Cristologia in S. Bulgakov», 128). Non essendo un'ipostasi, ma la rivelazione delle tre ipostasi trinitarie, la sofia, ha la capacità di ipostatizzarsi, quindi d'appartenere all'ipostasi, d'essere la sua dimostrazione, di donarsi a lei. (Ibidem, 130).

[154]S. N. BULGAKOV, *L'agnello di Dio il Mistero del Verbo Incarnato*, 215-216

[155] Cfr. *Ibidem*, 216-218.

[156] Cfr. *Ibidem*, 220-222.

Il Nostro evidenzia come la rivelazione è un atto trinitario, del Padre attraverso il Figlio e lo Spirito Santo.

Infatti se: «il Padre crea il mondo mediante il suo Verbo, attraverso il medesimo Verbo anche lo governa e ad esso si rivela. Perciò l'immediato Soggetto divino dell'Antica Alleanza è il medesimo Soggetto divino della Nuova, la Seconda ipostasi, il Logos. Egli è per eccellenza l'ipostasi demiurgica, e a lui appartiene l'economia della salvezza».[157]

Tuttavia la rivelazione del Verbo si compie in stretta connessione con lo Spirito, che riposa sul Figlio, quindi la rivelazione del figlio anche nel AT, non può essere palesata senza lo Spirito che né ispira le parole.

Il Nostro descrive i fondamenti dell'incarnazione, partendo dalla scrittura come: «l'agnello senza difetto e senza macchia, designato già prima della creazione del mondo ma apparso per voi negli ultimi tempi», (1Pt, 1,20), ed altri passi biblici, in cui si evidenzia come la venuta di Cristo sulla terra non sia solo un atto provvidenziale di Dio per il mondo, ma sia l'opera volontaria e salvifica di Dio prima ancora della creazione, e quindi l'Incarnazione dimostri l'amore di Dio per il creato.[158]

Nella interpretazione patristica, l'Incarnazione viene vista come atto salvifico quindi soteriologico, ma a questo si affianca anche quello escatologico, come espresso dal Credo nell' espressione, "per noi uomini" e "per la nostra salvezza".

Sicuramente esse non rappresentano un aut-aut, ma un e-e, nel senso che vanno prese nella loro interezza, «lo scopo soteriologico è incluso in quello escatologico come il mezzo nel fine».[159]

Il Nostro si sofferma più sull'aspetto ontologico dell'Incarnazione, nel quale si evidenzia con maggiore chiarezza l'amore effusivo di Dio per il creato, infatti, Dio vuole comunicare al mondo la sua divinità, di cui lei stessa e intrisa, in modo che il Suo divenire uomo, rendi l'uomo un dio.

Se è vero che l'Incarnazione sia un atto salvifico non si può esaurire solo in un atto redentivo, perché è un'opera che abbraccia tutti gli aspetti: da quello teologico, cosmico e antropologico a quello cristologico e soteriologico; tale da non essere visto

---

[157] *Ibidem*, 223.

[158] Cfr. S. N. BULGAKOV, *L'agnello di Dio il Mistero del Verbo Incarnato*, 225-226.

[159] *Ibidem*, 226.

come una violenza di Dio sul mondo, ma come un atto bilaterale in cui il mondo nell'uomo accoglie Dio e nello stesso tempo Dio si lascia accogliere.[160]

L'aspetto della non violenza ontologica di Dio, nella creazione come nell'Incarnazione, è molto presente in Bulgakov, che vuole evidenziare come l'umanizzazione di Dio è già presente nella stessa creazione dell'uomo, che è quindi pronto a riceverla e ad invocarla.

L'umanizzazione di Dio non va vista solo come un atto esclusivo della Seconda Persona della Trinità, ma come il concorso di tutte e tre le Persone, in cui Il Padre genera il Figlio e lo invia nel mondo, e lo Spirito partecipa all'Incarnazione santificando la carne umana con la sua discesa sulla Vergine Maria.

D'altronde la inseparabilità delle due ipostasi è evidenziata dal simbolo con le parole:«e si è incarnato per opera dello Spirito Santo da Maria Vergine», dove si esprime che l'Incarnazione è: «l'invio dell'ipostasi divina nell'uomo e la sua accoglienza da parte di Questa ultima».[161]

Bulgakov, nello stesso tempo, evidenzia l'importanza della Vergine Maria nell'Incarnazione, affermando come ella sia il principale evento della Chiesa veterotestamentaria, infatti, la sua divina maternità, che si esprime nella sua immacolatezza, hanno permesso l'Incarnazione.

E' utile ricordare che la purezza di Maria è volontà di Dio, in quanto nessuna creatura sarebbe stata capace di incontrare Dio senza ridursi in polvere, atto che Dio compie attraverso lo Spirito che scende sulla Vergine.

L'attestazione della veridicità dell'umanità di Cristo, attraverso Maria, esprime quel principio fondamentale espresso dai Padri secondo cui: «ciò che non è assunto non può essere salvato», investendo quindi, una grossa importanza sul piano soteriologico.[162]

Quindi: «il Logos poteva incarnarsi e farsi veramente uomo solo divenendo *figlio* umano, solo cioè entrando nel genere umano già esistente, e non dandogli inizio con se stesso».[163]

Questo ultimo concetto evidenzia proprio la preoccupazione del Nostro, di vedere

---

[160] Cfr. *Ibidem*, 229.

[161] *Ibidem*, 233.

[162] Cfr. *Ibidem*, 235.

[163] *Ibidem*, 237.

l'atto dell'Incarnazione non come imposto da Dio, al di fuori di ogni libertà umana, ma confacente all'atto creativo del mondo e dell'uomo.

Bisogna ora osservare come comprendere la specificità dell'incarnazione attraverso il Concilio di Calcedonia, che Bulgakov definisce come un paradosso ontologico, in quanto da

l'impressione di dissipare il collegamento esistente tra la natura e l'ipostasi, il Concilio infatti descrive l'Incarnazione come l'unione delle due nature nell'unica ipostasi del Verbo.

Quindi l'ipostasi divina è anche l'ipostasi umana, la quale non può rimanere senza la sua ipostasi, infatti, i Padri affermano che ogni ente naturale non può sussistere senza l'ipostasi, nel caso dell'Incarnazione viene ipostatizzata nell'ipostasi divina, cioè in-ipostatizzazione.[164]

Il Nostro, riguardo all'in-ipostatizzazione, sostiene che non va vista nel suo significato astratto, in quanto non apporterebbe nulla alla comprensione dell'Incarnazione, ma, nel suo aspetto ontologico, senza tuttavia ricorrere alla onnipotenza di Dio, attestando l'Incarnazione come un mistero indecifrabile.

Dio, nella creazione, ha posto un ordine ontologico al quale Egli stesso non sfugge; il Suo rapporto con il mondo non si basa sulla Sua onnipotenza, ma, su un rapporto di reciprocità provvidenziale.

L'Incarnazione, quindi, rientra in questa ambito, e non può essere vista come creazione dal nulla, nonostante sia una nuova creazione, quindi: attraverso «l'Incarnazione Dio non abolisce l'ordine ontologico che è proprio del mondo e della natura umana in particolare. L'uomo dal canto suo partecipa all'incarnazione, e non può essere eliminato né distrutto nella sua naturalità dall'onnipotenza divina a causa dell'Incarnazione, perché l'Incarnazione, realizzata a tal prezzo, non sarebbe affatto Incarnazione. In essa la natura umana è elevata, non distrutta».[165]

Queste affermazioni sono postulate nel Concilio di Calcedonia e affermano l'assoluta perfezione delle due nature, senza vederne sminuita una rispetto all'altra.

La possibilità ontologia dell'Incarnazione, per il Nostro, si poggia sulla necessità che l'ipostasi del Logos, poiché assume su di sé la natura umana, vuol dire che in qualche

---

[164] Cfr. *Ibidem*, 240.

[165] S. N. BULGAKOV, *L'agnello di Dio il Mistero del Verbo Incarnato*, 241.

modo è anche ipostasi umana e non solo divina, quindi del Dio-uomo.[166]

> «Per farsi ipostasi dell'umano, l'ipostasi del Logos deve essere umana o, più esattamente, *co-umana*, sicchè anche l'ipostatizzazione della sua umana natura non è una violenza fatta a quest'ultima, non è una distruzione, anzi è in armonia con una relazione presente *ab aeterno* tra l'una e l'altro. D'altro lato, anche l'uomo deve essere capace di ricevere e contenere l'ipostasi divina quasi fosse ipostasi umana. In altre parole, l'uomo dev'essere, in questo senso divino-umano già nella sua essenza iniziale, portare in sé l'ipostatica Teantropia, ed essere con ciò il "luogo ontologico per l'ipostasi del Logos».[167]

L'uomo stesso ha uno spirito ipostatico, che lo differenzia dalle altre creature, ed un origine divina, data appunto dalla sua immagine di Dio, che nonostante sia ottenebrata dal peccato non può cancellare la sua vera essenza.

Per questo, l'uomo ha bisogno di essere riportato al suo stato iniziale, attraverso Dio che si fa carne; questa sua Incarnazione è stata possibile grazie al fatto che «l'ipostasi del Logos è umana dall'eternità, [...]. Si può dire che nella natura umana di Cristo, il Logos si sostituì puramente e semplicemente all'ipostasi creata. Ma questo fu possibile perché quella stessa ipostasi creata era *soprannaturale*, rappresentava nell'uomo il principio divino».[168]

Bulgakov difende queste sue affermazioni teologiche da ogni forma di apollinarismo, ricordando, come lo stesso Apollinare fu il primo ad introdurre il problema cristologico della Teantropia, e i suoi avversari,per difendere la veridicità della natura umana, le affiancavano il Logos con la sua natura divina, affermando quindi non solo le due nature ma anche le due ipostasi in Cristo, cadendo nel nestorianesimo.

Il Nostro ricorda come il Concilio di Calcedonia, quando parla di anima, non si riferisce allo spirito ipostatico che porta con se la sua natura, ma, «l'anima che vivifica il corpo».[169]

Lo spirito e l'anima sono differenti nella loro essenza, infatti, il primo è un principio increato il secondo creato; nell'uomo lo spirito nonostante sia anche umano perché preordinato all'incarnazione è un principio divino, in Cristo, lo spirito ipostatico è il Logos stesso che assume dall'uomo la sua componente naturale, cioè la carne, per

---

[166] Cfr. *Ibidem*, 242.

[167] *Ibidem*, 242-243.

[168] *Ibidem*, 244.

[169] S. N. BULGAKOV, *L'agnello di Dio il Mistero del Verbo Incarnato*, 247.

questo Cristo è perfetto uomo.[170]

> «Quindi la perfezione della natura umana in Cristo non è affatto determinata dall'esistenza in Lui di una concreta personalità umana, Gesù, alla quale inoltre si sarebbe unito, dall'Alto, l'ipostatico Logos (questo è nestorianesimo), oppure la sua "energia" (dottrina di Paolo di Samosata, degli ebioniti, dei sociniani e dei razionalisti nostri contemporanei), di modo che il Dio-uomo differirebbe da un semplice uomo per una maggiore complessità del suo essere e per un maggior numero di elementi. Il Dio-Uomo differiva da ogni individuo in questo, che in Lui dei tre elementi, ipostatico spirito, anima, carne, il primo non era un'ipostasi creata, sia pure di origine divina, bensì l'ipostasi dello stesso Logos».[171]

La complessità del Cristo, rispetto agli altri uomini, sta nella sua doppia natura, quella umana assunta dal Logos e quella divina che è propria del Logos, che sono come afferma il Concilio inconfondibili, immutabili, indivisibili, inseparabili.

Nell'Incarnazione, il Nostro, si pone il problema del rapporto tra la Seconda persona della Trinità e la Trinità stessa.

Questo perché la Trinità, rappresenta l'unità nella tri.-ipostaticità, quindi Dio ha in sé tre Soggetti ipostatici che non turbano la sua unicità; tuttavia le cose cambiano quando la Trinità immanente si rivela al mondo nella sua economicità attraverso L'Incarnazione della sua Seconda Persona.

Potrebbe diversamente generarsi l'idea di un triteismo, scongiurato dal fatto che all'opera dell'Incarnazione ha partecipato tutta la Trinità, secondo le proprietà personali di ogni persona della stessa; infatti, il Padre manda il Figlio, il Figlio si incarna e lo Spirito compie l'opera dell'Incarnazione, senza turbare la personale incarnazione del Logos, che ha il suo fondamento nell'eterna filialità del Verbo.[172]

Nell'Incarnazione è importante scorgere non solo l'assunzione da parte Logos della natura umana, ma, anche la coesistenza tra le due nature.

Il Concilio, nel suo pronunciamento dogmatico sull'Incarnazione, diventa un punto di equilibrio attraverso le definizioni negative (senza confusione, senza divisione, senza mutamento, senza separazione), rispetto al pensiero monofisita, che vede il dissolversi della natura umana in quella divine, oppure al pensiero degli ebioniti, che vedevano la natura divina essere abolita da quella umana, porsi fuori dal cristianesimo per l'assurdità del loro pensiero.

---

[170] Cfr. *Ibidem*, 248.

[171] *Ibidem*, 249.

[172] Cfr. S. N. BULGAKOV, *L'agnello di Dio il Mistero del Verbo Incarnato*, 250-252.

Bulgakov, nel lodare l'importanza della proclamazione del Concilio nelle sue asserzioni negative, ritiene nello stesso modo importante una lettura in positivo, di cui ne ravvede l'assenza nel rapporto tra le due nature.[173]

Per il Nostro questo non è accettabile, in quanto l'Incarnazione non è un atto di onnipotenza di Dio da accettare supinamente da parte dell'uomo, ma esprime la possibilità della natura umana di essere assunta perché ontologicamente possibile.

Quindi, tra le due nature, il Nostro intravede un termine medio, come elemento comune e fondante della loro unione, tale termine è la sapienzialità, sia creata che incerata.

Questo è il frutto della visione del Nostro rispetto alla creazione, secondo il quale il mondo è concepito conformemente agli archetipi del mondo divino nel suo divenire, quindi la sofia celeste e quella terrena si identificano, differenziandosi per il loro essere.

Se nelle creazione Dio rimane fuori da essa, tale che la stessa è oggetto della sua azione salvifica, nell'Incarnazione Dio prende su di sé la natura umana divenendone soggetto.

In questo risiede la grandezza dell'Incarnazione, cioè di un Dio che si fa prossimo all'uomo, assume su di sé il divenire del mondo, evidenziando questa antitesi tra eternità e tempo, che è di difficile comprensione per l'uomo, ma nello stesso tempo lo riguarda perché gli rivela la pienezza della sua umanità.

La possibilità di questa antitesi, tra eternità e divenire, secondo il Nostro, è espressa dalla Chiesa, che nel dono dello Spirito Santo, genera alla divinizzazione i suoi membri , i quali sperimentano nella stessa la dualità delle nature che gli appartiene.[174]

La natura umana, tuttavia è stata toccata dal peccato originale inficiando la sua naturale sapienzialità, allora la stessa natura decaduta può essere assunta dal Logos, attraverso uno strumento umano debitamente preparato da Dio, che è la Vergine Maria.

Ella «è appunto la sua ipostatica umanità, è quella "seconda natura"da lui assunta nell'incarnazione. In tal senso l'Incarnazione non è soltanto l'unione di due nature in un'unica ipostasi, è anche l'unione di due ipostasi in una sola natura. La propria natura umana Cristo non la potò con sé dal cielo, ne la creò ex novo dalla terra, bensì

---

[173] Cfr. *Ibidem*, 253-255.

[174] Cfr. *Ibidem*, 258-259.

la prese "dalla carne e dal sangue purissimi di Maria"».[175]

In queste sue affermazione, Bulgakov, evidenzia l'importanza della figura di Maria, e nello stesso tempo considera l'Incarnazione non solo l'assunzione della natura umana del Logos, ma la discesa su Maria dello Spirito Santo, che non è Incarnazione ma piena partecipazione alla stessa.

L'importanza di Maria all'Incarnazione risiede nella sua partecipazione non solo nella carne, «come atto naturale, fisiologico né libero né creativo, e si potrebbe dire persino cieco- e tale di fatto lo considera il protestantesimo-, ma vi partecipa anche con la propria ipostasi, spiritualmente, liberamente, ispirata e pronta al sacrificio».[176]

Il fatto che Maria partecipa all'Incarnazione come portatrice della sapienzialità creata è importante rispetto alla discussione sulla individualità umana del Cristo.

Il Cristo, infatti, pur incarnandosi storicamente in una individualità storica, non conosce parzialità, nel senso che Lui rappresenta l'uomo totale.

Ogni uomo trova in Cristo la verità della sua persona, proprio perché ne rappresenta la sua sapienzialità umana, donatagli da Maria che grazie alla discesa dello Spirito Santo è personificazione della Sofia creata.[177]

Come accennato in più occasioni il Concilio di Calcedonia nel suo enunciato dogmatico non dice nulla sulla interazione delle due nature, per questo il Nostro ritiene sia importante mettere a confronto i dogmi cristologici con il vangelo che propone la vita umano-divina di Cristo, e rappresenta il nucleo della problematica cristologica.

Bulgakov, soffermandosi ancora una volta sulle idee espresse dai Padri della chiesa attraverso le due scuole di pensiero, quella alessandrina e quella antiochena, evidenziandone i meriti ed i limiti, oltre al concetto dell'in-ipostatizzazione, ritiene che il pensiero patristico spesso si è nascosto dietro vari accorgimenti senza trovare la giusta soluzione.

Tuttavia ritiene importante l'espressione "energia teandrica" pronunciata da lo Pseudo-Dionigi Aeropagita, in quanto l'espressione Teantropia (divino-umano) è la chiave per risolvere il problema cristologico, oltre ad essere il concetto base della

[175] *Ibidem*, 261.

[176] *Ibidem*, 262.

[177] Cfr. *Ibidem*, 264-266.

cristologia contemporanea.[178]

Il concetto della teantropia viene usato nella dottrina della *communicatio idiomatum*, o scambio delle proprietà.

Nella dottrina della *communicatio idiomatum*, se diventa facile per i Padri comprendere l'influsso che la natura divina ha avuto su quella umana, di complicata soluzione è l'inverso, quindi la loro unica risoluzione fu un celato monofisismo.

Bulgakov, invece, ritiene che: «la problematica cristologica implicita nel dogma di Calcedonia conduce necessariamente, come a sua condizione è premessa, alla dottrina della *kenosi* della divinità nell'incarnazione».[179]

Questo perché l'assunzione dell'umanità da parte di Dio, non può che essere un abbassamento, una umiliazione, quindi una *kenosi*.[180]

2. la Kenosi di Cristo

Bulgakov esprime l'umiliazione di Cristo, la sua *kenosi*, facendo riferimento al Prologo di Giovanni e alla lettera ai Filippesi di Paolo.

Parte dal dato biblico per esprimere il suo pensiero sulla *kenosi* del Signore, che è il modo migliore per capire l'Incarnazione di Cristo.

La parola di Giovanni nel suo prologo: «Il Verbo, divenuto carne, abitò in mezzo a noi, e vedemmo la sua Gloria, come Unigenito del Padre» (Gv 1,14), esprime tutto il paradosso dell'Incarnazione, che con la sua discesa dal Cielo, Dio è diventato non-Dio senza tuttavia cessare di essere al contempo Dio.

Per Bulgakov questo avvenimento non è un fatto semplicistico, che esprime un concetto puramente geografico - astronomico, ma un evento profondamente ontologico che va compreso nel suo valore realistico senza alcun accomodamento di carattere docetico portato a deturparne la realtà.[181]

Nella lettera di S. Paolo ai Filippesi: «Egli (Cristo Gesù) essendo nella forma di Dio non considerò una rapina essere uguale a Dio, ma annientò se stesso (vuotò), prendendo la forma di schiavo, divenuto in similitudine di uomo e, essendo apparso nell'aspetto come un uomo, umiliò se stesso, divenuto obbediente anche fino alla

---

[178] Cfr. S. N. BULGAKOV, *L'agnello di Dio il Mistero del Verbo Incarnato*, 272.

[179] *Ibidem*, 274.

[180] *Ibidem*.

[181] Cfr. S. N. BULGAKOV, *L'agnello di Dio il Mistero del Verbo Incarnato*, 275-276.

morte, e alla morte di croce» (Fil 2, 6-8), il Nostro, non vede espresso soltanto l'Incarnazione terrena del Cristo, ma la volontà di Dio rispetto alla stessa, vedendo l'una compiersi nell'altra.

Quindi l'umiliazione di Cristo, pur riferendosi a quella terrena, che si manifesta nella sua morte in croce per obbedienza al Padre, per il Nostro, si è compiuta grazie all'obbedienza in cielo, infatti «non si tratta di un evento svoltosi soltanto entro i limiti della vita umana, ma di un evento celeste nel senso stesso di Dio, la *kenosi* del Dio-Verbo».[182]

Nella lettera ai Filippesi, quando si menziona il concetto di forma (μορφή) non va identificata con il concetto di natura, come spesso avveniva nell'esegesi patristica, ma come *norma di vita* che appartiene alla natura esprimendo il modo di essere divino.

Cristo scambia questo suo modo di essere divino con la forma di schiavo, quindi non scambia la natura che è immutabile, ma il modo di essere che è soggetto al mutamento.[183]

In questo modo Dio non pose un atto della sua onnipotenza, ma rinunciò volontariamente alla su gloria divina per assumere su di sé la natura di schiavo, che non è assimilabile alla natura ma al suo modo di essere, quindi Dio non abbandonando la sua natura divina entra nel mondo creato e si umanizza.[184]

Il vedere l'Incarnazione nell'ottica della *kenosi*, potrebbe ingenerare il dubbio che la natura umana, come serva, nel rapporto con la natura divina venga sminuita nella sua reale portata da apparire inferiore nella loro unione.

Per questo, il Nostro, afferma come la *kenosi* non va percepita sulla linea delle dispute cristologiche, che vedevano il predominare o della linea ascendente, che portava al monofisismo o della linea discendente assimilabile all'arianesimo, ma il mistero della teantropia, che va riletto accorciando l'enorme distanza tra le due nature mediante un termine medio che è la «Sofia, sussistente Sapienza divina, eterna ed creata».[185]

Questa sapienzialità rappresenta il ponte ma non il movimento tra le due nature, da

---

[182] *Ibidem*, 277.

[183] Cfr. *Ibidem*, 278.

[184] Cfr. S. N. BULGAKOV, *L'agnello di Dio il Mistero del Verbo Incarnato*, 279.

[185] *Ibidem*, 284.

scorgere nella paradossalità degli assiomi cristologici.[186]

Nella *kenosi* secondo Bulgakov si esprimono due aspetti veritativi:

1) da una parte la SS. Trinità che sussiste nella relazione reciproca delle tre ipostasi nell'unica natura divina che non può diminuire;

2) dall'altra, la possibilità di una diminuzione volontaria della propria divinità nella sua fruizione.

Quindi nella divinità è possibile intravedere una distinzione tra la vita di Dio *in sé*, che è immutabile, e la vita di Dio *per sé* che è mutabile nel suo esercizio; infatti limitare in Dio l'utilizzo della sua divinità vorrebbe dire diminuire la sua autonomia.[187]

La Trinità rimane sempre se stessa, sia nella sua assolutezza, che nel suo rapportarsi al mondo come creatore, nella sua eternità non può esserci mutamento.

> «Codesta eternità è trascendente non solo rispetto al mondo con il suo divenire, ma anche a Dio stesso, in quanto Egli si autodetermina *in rapporto col mondo*, come Creatore-Provvidente, ovvero alla Trinità "economica" come distinta dalla "immanente". La Trinità "immanente" è immutabilmente presente nella trinità "economica", è Essa medesima nella profondità della "economica", alla sua base, e tuttavia resta altra, e in questo senso è anche trascendente rispetto alla trinità "economica". È questa la conclusione fondamentale nella vita della SS. Trinità, come Assoluto di Dio».[188]

Questa auto-limitazione, che Dio volontariamente si dona nella sua libertà, per il Nostro, nasce dalla constatazione che Dio è Amore, quindi pone la sua limitazione già nella creazione pur mantenendo la sua immanenza; a maggior ragione stabilisce in maniera assolutamente nuova la sua kenosi, in quanto si unisce alla creazione stessa umanizzandosi.[189]

Bulgakov nel descrivere la *kenosi* del Verbo nell'Incarnazione, afferma che può essere considerata secondo tre diverse ottiche: a) dal lato della natura; b) dal lato dell'ipostasi; c) in rapporto alle tre ipostasi della SS. Trinità.

Nell'esaminare la prima ottica (rispetto alla natura), il Nostro, manifesta come la *kenosi* non si riferisce alla natura ma alla morfé, cioè la condizione divina di cui il Cristo si è spogliato per assumere la natura umana, e benché la natura e la condizione

---

[186] Cfr. *Ibidem*.

[187] Cfr. *Ibidem*, 284.

[188] S. N. BULGAKOV, *L'agnello di Dio il Mistero del Verbo Incarnato*, 285-286.

[189] Cfr. *Ibidem*, 287.

divina stanno in un rapporto di causa ed effetto, possono tuttavia separarsi.[190]

Bulgakov facendo riferimento al concetto di Sofia, evidenzia rispetto alla stessa la differenza tra natura e gloria di Dio, quest'ultima è quella forma che Cristo possiede come Dio, di cui si spoglia nella *kenosi* per riappropriarsene nella glorificazione del Padre (Gv 17,5).

La gloria ricorda il Nostro è la Sofia, in quanto è la manifestazione della natura divina rivelata in sé, di questa manifestazione il Cristo si spoglia nella sua discesa dai cieli conservandone la sua potenzialità che verrà di nuovo alla luce attraverso la preghiera sacerdotale.

In questo modo «la Seconda ipostasi, discendendo dai cieli, abbandona quella luce, non la possiede più per sé, prende la condizione di servo nella volontaria ascesi della *kenosi*. E in questo senso il "giovane Adolescente Dio eterno" smette, per dir così, di avere per sé la propria divinità e rimane con la sola natura divina, ma senza la sua gloria».[191]

Questa operazione è possibile alla Seconda Persona della Trinità grazie alla sua filiale obbedienza, che gli permette di spogliarsi della sua vita personale per consegnarla nelle mani del Padre; obbedienza filiale che si attua grazie allo Spirito Santo che riposa in Cristo.[192]

«Tale separazione di natura e vita, in cui consiste la *kenosi* del Figlio non è un *sacrificio* umana, empirico, ma un sacrificio divino, metafisico, *un inconcepibile miracolo dell'amore divino*, un mistero "nel quale anche gli Angeli desiderano penetrare" (1 Pt 1,12). Davanti a questa autoestenuazione divina ogni creatura può soltanto stupire e adorare nei secoli dei secoli».[193]

Guardando la *kenosi* nel secondo aspetto (dal lato dell'ipostasi), il Nostro, rivela come la stessa non cambia il rapporto personale che intercorre tra il Padre e il Figlio, perché nella *kenosi* il Figlio rimane in tutto il suo essere la Seconda persona della Trinità.

Quindi la *kenosi* non va a interferire l'essere della SS. Trinità, a differenza del pensiero di alcuni kenotici, in quanto «la Trinità "immanente" *non conosce la kenosi*

---

[190] Cfr. *Ibidem*.

[191] *Ibidem*, 288.

[192] *Ibidem*.

[193] S. N. BULGAKOV, *L'agnello di Dio il Mistero del Verbo Incarnato*, 289.

del Figlio, che esiste solo nella Trinità economica».[194]

Gesù Cristo decide volontariamente di svuotarsi della sua divinità perché non va a ledere la «fonte della vita inter-ipostatica nella SS. Trinità»[195] ma è il suo essere personale divino; quindi rinuncia ad essere Dio *per sé* rivolgendosi al Padre non solo perché ne condivide la stessa natura, ma come al suo Dio.[196]

In Gesù Cristo, il suo essere mandato dal Padre, riveste un ruolo fondamentale rispetto alla sua generazione che passa in secondo piano, è la sua obbedienza filiale che gli permette di svuotarsi della sua divinità per umanizzarsi.

Tale umanizzazione è resa possibile dalla capacità che l'uomo ha di ricevere la rivelazione divina, infatti in tutto il creato l'uomo è lo spazio adatto a accogliere la discesa di Dio dal cielo.[197]

Bulgakov nella disamina sulla *kenosi*, rivela con forza come attraverso la spoliazione della sua natura divina Cristo non assume solo la carne, ma si è fatto lui stesso «*ipostasi umana*».[198]

Quindi il Logos non ha assunto la carne umana come qualcosa che è esterno alla sua vera esistenza, ma è divenuto volontariamente Egli stesso uomo accettandone la temporalità e il divenire; quindi afferma il Nostro come: «dobbiamo accettare la *kenosi* dell'Incarnazione in tutta la sua terribile serietà, come il Golgota *metafisico* dell'autocrocifissione del Logos nel tempo, della quale il Golgota *storico* è solo una conseguenza, possibile e reale in virtù del primo».[199]

Questa affermazione di Bulgakov descritta da von Balthasar come gnostica, invece sottolinea come la «Kenosi intratrinitaria sia, al contrario, relazionata alla kenosi di Cristo nel pieno rispetto della libertà dell'uomo e della storia».[200]

Lo stesso M. Bordoni, nella riflessione sulla scuola teologica russa, di cui identifica in Bulgakov una figura di preminenza, afferma come: «la riflessione soteriologica di questa scuola ortodossa russa ci consente di aprire uno spiraglio più positivo in un quadro teologico trinitario, per cui il mistero più oscuro e orrido dell'abbandono della

---

[194] *Ibidem*, 290.

[195] *Ibidem*, 292.

[196] Cfr. *Ibidem*.

[197] Cfr. *Ibidem*, 293.

[198] *Ibidem*, 295.

[199] *Ibidem*.

[200] L ZAK, «Kenosi di Cristo e mistero della chiesa nella sofiologia di S. N. Bulgakov»,120.

croce rifletta il bagliore della vita e della risurrezione, perché essa, divenuta la croce dei Tre, cambia il suo significato diventando segno di salvezza, manifestazione di amore».[201]

Bulgakov, rispetto alla Sua *kenosi,* sottolinea un altro dato importante quella della Sua coscienza, nel senso che lo sviluppo della coscienza divino-umana tratteggia quella umana.

Il Cristo ha consapevolezza del suo sviluppo facendo riferimento all' ipostasi divina del Logos, e, all'interezza della sua Persona che è divino-umana; in questo modo Lui comprende le cose in sé e su di sé non solo con la sua autocoscienza divina, ma anche con quella umana che cresceva e dispiegava la sua pienezza con il tempo.[202]

In tale contesto i miracoli, che il Cristo compie durante la sua vita terrena, non possono essere addebitati o solo alla parte divina o solo alla parte umana, ma alla sua pienezza come Dio-Uomo.

Diversamente ci sarebbe stata una dimostrazione della potenza divina che avrebbe annientato la verità di questa unione, presentata dal Concilio nella sua completezza.

Difatti: «la Divinità di Gesù ispirava la sua personalità divino-umana ed Egli ne era cosciente *nella misura* in cui poteva riceverla e contenerla la sua umana natura, ma senza imposizione violenta su questa ultima e senza restare esterna ad essa; in questo si manifesta l'incessante, efficace *kenosi* della Divinità, la quale (secondo l'espressione di San Cirillo) si proporziona all'umanità».[203]

Nella verità della Sua teantropia, in Cristo la natura divina non è un dato esterno ma un progresso dovuto alla comprensione del divino e dell'umano nel loro reciproco rapporto, quindi è manifesto che è la natura divina si raffronta kenoticamente con l'umana in modo che in Gesù Cristo, Dio, si mostra come uomo, teandricamente.[204]

Senza questo rapporto kenotico l'unione non avrebbe quel senso ontologico che il Concilio ha affermato, cioè di una unità delle due nature senza confusione e senza cambiamento, ma si ridurrebbe ad un unione falsa in cui la natura divina sarebbe sempre predominante rispetta a quella umana, cadendo immancabilmente o nel

---

[201] M. BORDONI, *Gesù di Nazaret Signore e Cristo,*vol. 3. *il Cristo annunciato dalla Chiesa*, 423.

[202] Cfr. S. N. BULGAKOV, *L'agnello di Dio il Mistero del Verbo Incarnato*, 297.

[203] *Ibidem*, 301.

[204] Cfr. *Ibidem*, 301-302.

docetismo o nel monofisismo.[205]

Nel rapporto della due nature dal punto di vista della volontà espresso nel Concilio di Costantinopoli III (681), si parla di sottomissione, nel senso che la volontà umana segue quella divina, senza per questo essere annientata, ma evidenziando soltanto un rapporto gerarchico tra le volontà in cui è «innegabile il primato teologico della volontà divina, e dello scopo più alto, che è la piena divinizzazione dell'uomo».[206]

Il Nostro, nel sottolineare l'importanza che la visione kenotica ha nell'Incarnazione, puntualizza con ossessivo interesse la realtà della *kenosi*, da osservare come l'uscita dall'eternità nel divenire temporale del mondo non in senso astratto ma nella sua drammatica verità.

Il rapporto che sussiste tra le due nature nell'unione ipostatica, secondo Bulgakov, è di «*reciprocità* che non è soltanto *interazione* ma anche scambievole *limitazione*».[207]

Questo ipotizza che entrambe le nature si manifestino per ciò che sono, esprimendosi tuttavia l'uno nell'altro senza che la natura umana abbia un atteggiamento di passività che la ridurrebbe ad accessorio dell'Incarnazione.

L'ascendenza che la natura divina ha sulla natura umana è la divinizzazione, concetto caro alla patristica orientale, che non è da riferirsi solo a Gesù ma a tutta l'umanità, non è un atto di sopraffazione ma di graduale penetrazione ed accettazione, lo stesso Gesù la accolse con graduale progressione nella sua vita; la possibilità della divinizzazione è basata sull'immagine di Dio nell'uomo tanto da non apparire innaturale allo stesso.[208]

Nella letteratura patristica venne fatta una interpretazione della divinizzazione non sempre corretta, dimenticando la inseparabilità e incofondibilità delle nature in Cristo specialmente nel visionare i miracoli, la preghiera e il non sapere in Gesù.

Bulgakov, infatti mette in luce come, con l'Incarnazione, Cristo, attraverso la *kenosi,* si è spogliato della sua divinità e quindi anche della sua onniscienza, la quale rientra nel rapporto teandrico, proporzionandosi alla natura umana.

Anche la preghiera di Gesù, se non viene letta nell'ottica kenotica, rischia di cadere nel docetismo, in una pura apparenza, invece facendo riferimento alla natura umana

---

[205] Cfr. *Ibidem*, 299.

[206] *Ibidem*, 309.

[207] *Ibidem*, 313.

[208] Cfr. *Ibidem*, 314.

che ha di suo l'anelito verso Dio è il suo rivolgersi attraverso la preghiera, «ecco che per il Dio-uomo la preghiera è vita e respiro, ed egli non fa niente senza pregare.[...] Perciò anche la natura divina, unita in stato di *kenosi* con la natura umana, non solo non impedisce la preghiera rendendola superflua, ma ispira anzi la sua essenza umana a una preghiera continua».[209]

La divinizzazione del Dio-uomo, nella sua vita terrena, non va intesa solo rispetto alla natura umana, ma ad ambedue le nature, quindi ogni manifestazione di Cristo va vista in modo teandrico, cioè nell'unità delle due nature senza sopraffazione dell'uno rispetto all'altro.

Anche rispetto alla sofferenza di Cristo sulla croce non è possibile parlare di impassibilità di Dio nel Dio-uomo; a tale proposito Bulgakov va oltre affermando che neanche del Padre e dello Spirito Santo si può parlare di impassibilità rispetto alla croce, infatti evitando ogni forma di patripassionismo, il mistero della croce si compie anche in cielo nel cuore del Padre in virtù di quel mistero d'amore che sussiste nella SS. Trinità.[210]

La stessa coscienza divina-umana del Cristo va letta all'interno della dottrina kenotica che l'illumina nella sua verità, rispetto alle antinomie e paradossalità del dato biblico, le quali presenta alcune volte la disparità del Figlio rispetto al Padre ed altre l'assoluta parità, invece: « Gesù si rivolge al Padre suo come a Padre e a Dio nello stesso tempo, ma non lo fa in qualità di Dio e di Uomo, bensì come Dio-Uomo, dalla profondità e unità della sua coscienza *teandrica*».[211]

Le stesse tentazioni che Gesù subì nella sua vita terrena, trascurando l'aspetto kenotico, apparirebbero non reali nella visione docetista: Bulgakov invece puntualizza tutta la realtà delle tentazioni di Cristo, in quanto la sua umanità benché non separata dalla sua divinità nel rapporto teandrico, è capace di subire le tentazioni.[212]

Su questo punto il Nostro fa emergere il concetto della variabilità della libertà creata, la stessa che è comune agli uomini come agli spiriti; è in funzione di questa variabilità che si può comprendere la caduta degli angeli.

Questa variabilità, non essendo essenziale per le creature, può essere depotenziata

---

[209] S. N. BULGAKOV, *L'agnello di Dio il Mistero del Verbo Incarnato*, 319.

[210] Cfr. *Ibidem*, 325.

[211] *Ibidem*, 350.

[212] Cfr. *Ibidem*, 362.

grazie ad una crescita spirituale e all'uso della propria libertà, cosa che il Cristo attuò nella sua libertà, anche sé il compito del Cristo non era sfuggire ad esse ma ad affrontarle e a vincerle.

La tentazione, nonostante fosse destinata all'insuccesso, in quanto la natura umana era in comunione con la natura divina che l'ispirava, si esplicitò nel «*Superamento delle difficoltà* lungo il cammino dell'obbedienza e dell'umiliazione. Superamento non gratuito, né automatico o meccanico, bensì sofferto, difficoltoso, creativo, sottomissione dell'essenza creata, dalla carne, allo spirito».[213]

Il rapporto tra il Padre e il Figlio, ma in generale il rapporto intratrinitario è descritto dal Nostro come un rapporto gerarchico, che nel linguaggio umano viene comunicato con il vocabolo taxis, senza cadere nel subordinazionismo ma evidenziando delle differenze «in quanto Esse sono tre centri ipostatici all'interno dell'unico ipostatico soggetto»[214]

In questo rapporto gerarchico per cui il Padre è il principio primo, la *kenosi* si comprende con maggiore intensità visto che il Figlio nella sua Incarnazione, per amore della missione voluta dal Padre nello Spirito, si sottrae gerarchicamente dalla uguaglianza con il Padre nella natura divina.[215]

La kenosi viene vissuta dal Figlio in ossequio alla volontà del Padre, infatti tutta la vita del Cristo è trascorsa nell'obbedienza al Padre a tal punto da sperimentare la morte in croce, morte voluta direttamente dal Padre e accettata nella docilità dal Figlio; accettazione che esprime il punto culminante della *kenosi* del Figlio.

Nel grido della croce, infatti il Figlio non si rivolge al Padre come tale ma al suo Dio che lo ha abbandonato, quindi sperimenta anche Lui come ogni altro uomo la solitudine dell'abbandono.[216]

«E' proprio il Figlio di Dio nella sua *Tentropia* a varcare la soglia della morte , il gemito mortale verso Dio si trasforma in quella invocazione al Padre che è anche l'epilogo della *kenosi*: "Padre nelle tue mani raccomando il mio spirito" (Lc 23, 46) con la parola che tutto conclude: "Tutto è compiuto" (Gv 19,30)».[217]

---

213 S. N. BULGAKOV, *L'agnello di Dio il Mistero del Verbo Incarnato*, 370.

214 *Ibidem*, 373.

215 Cfr. *Ibidem*, 375.

216 Cfr. *Ibidem*,382.

217 *Ibidem*.

La morte del Figlio, secondo Bulgakov, coinvolge anche le altre ipostasi della Trinità, in quanto l'abbandono del Padre manifesta l'accettazione della sua morte quindi sé non è la morte stessa è comunque «con-morire nel sacrificio dell'amore»,[218]questo abbandono del Padre è anche abbandono dello Spirito Santo.

«Siffatta partecipazione dello Spirito Santo alla *kenosi* del Figlio, alla sua umiliazione alla croce, estende a suo modo la *kenosi* del Figlio anche alla terza ipostasi, perché *kenosi* è per l'Amore ipostatico non manifestarsi all'Amato».[219]

La *kenosi* di Gesù Cristo, come afferma il Nostro, non si ferma con la sua morte in croce ma esprime tutta la sua portata anche nella discesa agli inferi, oltre che nella risurrezione e ascensione.

La sua discesa agli inferi, oltre che a testimoniare l'autenticità della sua morte, esprime la sua portata kenotica in quanto fa esperienza della condizione della vita oltre la morte, i tre giorni sono il periodo del kenotico nascondimento del Dio-uomo.

Anche nella resurrezione si esplicita l'atto kenotico in quanto essendo la stessa un azione attivo-passivo, il Padre che l'ha risuscitato nello Spirito, resta Dio non vi è identità nella divinità ma è generato dalla disuguaglianza e dalla *kenosi*.[220]

Con l'assunzione del Signore si chiude il suo ministero terreno e quindi si conclude il suo cammino kenotico, evidenziando come la kenosi del Dio-Uomo attraversa tutti gli atti del suo ministero.

La conclusione della lettera ai Filippesi inneggia alla glorificazione del Signore, per questo Bulgakov conclude dicendo che: «se nel suo ministero terreno il Signore ci ha chiamati a "imparare da Lui" e a "venire dietro a Lui", anche nella sua Gloria Egli ci risusciterà tutti e introdurrà tutti nella vita e nell'autocoscienza de Dio-Uomo, nella sua *Teantropia*, sicché tutta l'umanità che appartiene a Cristo vivrà nella vita di Cristo, e per conseguenza anche della sua coscienza divina».[221]

Questa correlazione tra le tre ipostasi della Trinità si esprime nell'amore e nel sacrificio kenotico superato dalla beatitudine.

L'espressione giovannea" Dio è amore" per Bulgakov esprime l'essere stesso di Dio, in questa prospettiva, «l'amore esprime l'essenza dello Spirito e la sua vita.

---

218 S. N. BULGAKOV, *L'agnello di Dio il Mistero del Verbo Incarnato*,383.

219 *Ibidem*,384.

220 Cfr. *Ibidem*, 386.

221 *Ibidem*, 389.

Dobbiamo dunque concepire la Santissima Trinità come Spirito al cui vita è Amore».[222]

Bulgakov descrive in generale l'amore attraverso due assiomi:

a) «non vi è amore senza sacrificio» (anche se in Dio il "sacrificio" non è dolore ma solo dar-Si nell'Altro e così essere Sé);[223]
b) «non vi è amore senza gioia e senza beatitudine, e in generale non vi è beatitudine all'infuori dell'amore».[224]

Dei due il secondo è « superiore perché ultimo, rappresentando in certo modo il risultato del primo. In sintesi, l'amore si mostra dunque come antinomia concreta: sacrificio e ritrovamento di se stesso grazie al sacrificio. Essendo tragico, l'amore è nello stesso tempo superamento della tragedia: è proprio in questo che consiste la forza dell'amore».[225]

La visione kenotica di Bulgakov non riguarda solo la Seconda Persona della Trinità, ma tutte le ipostasi vista la partecipazione nella *kenosi* del Figlio anche del Padre e dello Spirito Santo.

Quindi Bulgakov approfondisce il tema della *kenosi* in rapporto alle singole ipostasi.

Rispetto al Padre, afferma: «la paternità è la forma di amore in cui l'amante vuole essere se stesso non in sé, ma fuori di sé, per dare il *proprio io* a quell'*altro io* che pure egli identifica con sé e per manifestare il proprio io nella *generazione* spirituale, nel Figlio, che è la viva immagine del Padre. Nella vita di lui, e non in sé vive il Padre generando, cioè uscendo da sé, aprendosi. L'amore del Padre esce da sé, accende, inizia, agisce. È incomprensibile per uno spirito creato questa generazione del Figlio dal Padre, della Persona dalla Persona. Questa forza generatrice è estasi dell'uscita da sé, come un autoannichilamento che è nel contempo realizzazione di sé mediante quel generare».[226]

In rapporto al Figlio, afferma: «ciò che da parte del Padre è attivo generare, è da parte del Figlio passivo essere generato, nascita obbediente. Il Figlio, in quanto Figlio, possiede se stesso non come sé e proprio, ma come appartenente al Padre,

---

[222] P. CODA, *L'agape come grazia e libertà*, Città Nuova, Roma 1994, 115.

[223] *Ibidem*, 120.

[224] *Ibidem*, 121.

[225] *Ibidem*.

[226] S. N. BULGAKOV, *L'agnello di Dio il Mistero del Verbo Incarnato*, 154.

nell'immagine del Padre. Lo stato di Figlio nello Spirito consiste anche in questo, che il Figlio si cancella nel Nome del Padre. Lo stato di Figlio è già un eterna *kenosi*. Il Figlio non è la fiamma del fuoco Paterno, ma la calma luce della gloria santa. L'amore del Figlio è l'abnegazione, la mitezza dell'agnello di Dio che si immola, predestinato "prima della creazione del mondo" (1Pt 1,20). E se il Padre vuole possedersi fuori di sé, nel Figlio, anche il Figlio non vuole possedersi per sé stesso, offre in sacrificio al Padre il suo personale sé, ed essendo Parola *del Padre* – essendo ricco si spoglia, e come vittima se ne sta in silenzio nel seno del Padre».[227]

Infine rispetto allo Spirito santo afferma: « è la gioia dell'amore sacrificale, la sua beatitudine e concretezza. [...] Questa di Padre e Figlio, la loro identificazione di sé nell'amore, si realizza in un atto ipostatico nella processione dello Spirito Santo dal Padre al Figlio (o "attraverso" il Figlio). In quanto il Padre e il Figlio si conoscono reciprocamente nell'immolazione d'amore come in un atto che si sta compiendo, il loro essere reciproco l'uno per l'altro ha un carattere soltanto *ideale*. Esso acquista realtà soltanto nell'atto *compiuto* della nascita, dell'essere stato generato. Questa realtà della natura divina , che idealmente già si rivela nella paternità del Padre e nella filialità del Figlio, si attua con lo Spirito santo, c he procede dal Padre, si posa sul Figlio e li unisce entrambi. E questo il reciproco amore del Padre e del Figlio, ed è la gioia di questo amore che ha compiuto l'autorivelazione della Divinità nella sua natura, non solo in Verità, ma anche in Bellezza».[228]

È questo l'impostazione dominante nella teologia di Bulgakov e ancor più della comprensione del mistero dell'Incarnazione, che secondo il Nostro senza la lettura kenotica rimane incompresa e suscettibile a temi che ieri come oggi rischiano di avere come conclusione mezze verità e velate eresia.

---

[227] *Ibidem*, 155.

[228] *Ibidem*, 156.

Conclusione

Gesù Cristo, la più studiata ed interpretata figura del nel nostro periodo così detto post-moderno, interroga l'uomo sulla sua verità, sul senso della vita, sul rapporto che l'uomo ha con il trascendente.

L'interesse che tuttavia viene mostrato intorno alla figura del Cristo, se per un certo aspetto è motivo di speranza verso una società senza punti di riferimento e di valori, nello stesso tempo evidenzia l'assoluta difficoltà dell'uomo di confrontarsi con il mistero dell'Incarnazione.

Il Concilio di Calcedonia, nel definire il mistero dell'Incarnazione, facendo sintesi delle due scuole di pensiero, quella alessandrina, che puntava all'unità della figura del Cristo, rispetto a quella antiochena che guardava con più attenzione alla dualità delle nature, si porta dietro una difficoltà di comprensione sin dal suo apparire ed estendibile ai nostri giorni.

Il motivo di tanta difficoltà nasce, innanzitutto per il mondo antico, dalla fatica di coniugare insieme la discesa di Dio con la sua immutabilità ed impassibilità, ancor di più riguardo al Crocifisso che è motivo di scandalo e di infamia; anche perché il Crocifisso è il Figlio di Dio, l'incarnato, quindi se la croce porta con se la sua paradossalità, che si esprime nella vittoria attraverso la morte, anche l'Incarnazione esprime la sua paradossalità in quanto Dio diventa prossimo all'uomo pur mantenendo la sua divinità.

L'Incarnazione con la quale Dio si rivela agli uomini e nel suo rivelarsi lo redime, conferisce alla figura di Cristo e alle sue azioni una caratteristica di unicità e universalità rispetto alla salvezza dell'umanità, spesso mal sopportata nel nostro tempo, che si caratterizza per il relativismo delle posizioni e il pluralismo delle religioni.

Oggi ogni forma di verità viene inquadrata come atto di presunzione o peggio come un modello di fondamentalismo, a causa del relativismo che si esprime non solo come rassegnazione, di fronte alla verità che è irraggiungibile, ma in positivo come base di tolleranza, di conoscenza dialogica, di libertà.

Il relativismo si presenta per di più come modello di una sana democrazia che vede la verità non posseduta da nessuno ma conquistata sulla base del dialogo non riconducendola su una base comune.

In questo humus di apparente tollerabilità la pretesa dell'Incarnazione viene vista come paradossale e scandalosa: il Cristo, e la Chiesa come sua espressione, non può pretendere di essere la verità ma solo una delle tante manifestazione del divino.

Un esponente principale, ispiratore del relativismo in teologia è il presbitero americano J. Hich[229], il quale partendo dalla distinzione tra fenomeno e noumeno della filosofia kantiana, afferma come le realtà ultime non possono essere raggiunte nella loro verità, ma di esse ne percepiamo solo il riflesso.

In questo modo Hich dà vita ad un nuovo teocentrismo che si esprime nell'impossibilità, da parte dell'assoluto, di donarsi nella storia dove si hanno solo modelli, figure ideali che rinviano al totalmente altro, e che non si possono affermare nella storia.[230]

Quindi, «l'identificazione di una singola figura storica, Gesù di Nazaret, con la "realtà" stessa, ossia con il Dio vivente, viene respinta come una ricaduta del mito».[231]

Lo stesso autore dichiara come: « il Gesù storico stesso non ha mai preteso di essere Dio, o il Figlio di Dio, o la Seconda Persona della Trinità divina incarnata e che la dottrina dell'Incarnazione è un creazione della chiesa sanzionata dal Concilio di Calcedonia, e come tutte le invenzioni umane, può essere esaminata, criticata e subire eventualmente delle revisioni».[232]

Gesù Cristo è percepito come un attentato allo spirito moderno, una minaccia contro la libertà e la tolleranza: la sua pretesa ad essere Mediatore Unico viene intesa come fondamentalismo, si avverte quindi un disagio rispetto all'Incarnazione che deve essere reinterpretata.

Secondo Hich il pensiero post-metafisico dell'Europa si sposa con la teologia negativa dell'Asia, in cui il divino in se stesso non può entrare nel mondo delle apparenze, ma si mostra solo nei riflessi al di la di ogni parola o pensiero.

Il pensiero Asiatico, in particolare quello Indiano può donare al pensiero occidentale,

---

[229] Dell'autore ricordiamo le seguenti opere: *The Mith of God Incarnate*, SCM Press LTD, London 1993; *The Methapor of God Incarnate,* London, SCM Press LTD, 1993; *l'unicità cristiana* un mito? *Per una teologia pluralista delle religioni*, Cittadella Editrice, Assisi 1994. edito con K-J. Knitter.

[230] Cfr. J. RATZINGER, «*La Fede e la Teologia ai giorni nostri*», in Enciclopedia del Cristianesimo, De Agostini 1997, 23-24.

[231] *Ibidem*, 24.

[232] M.R. PECORARA MAGGI, *Il Processo a Calcedonia. Storia e Interpretazione*,82.

secondo Hich, grazie alla rinunzia del dogma si ha una maggiore dignità al mistero di Dio, per cui il Cristo spogliato della sua unicità può essere collocato nel quadro di salvezza dei miti indiani, non essendo più il Logos, come: «non lo è qualunque altra figura di salvatore che appartenga alla storia».[233]

Hich infatti, insieme ad altri esponenti del pluralismo religioso,«è arrivato a sostenere che se Gesù fosse vissuto in un ambiente asiatico, altri sarebbero stati i modelli impiegati, per veicolare il suo messaggio soteriologico; egli sarebbe come un *bodhisattva* o un personaggio che ha vissuto la pienezza del *nirvana* e ora vuole aiutare i suoi fratelli ad entrare nella stessa esperienza».[234]

In questa visione Teocentristica vi è una riduzione dell'Incarnazione a mito o metafora con la conseguenza che la stessa cristologia non si presenta più come normativa, ma si assiste ad una divisione del Logos dal Gesù storico che di fatto pregiudica non solo il mistero dell'Incarnazione ma la stessa mediazione salvifica del Cristo.[235]

> «La conseguenza più importante di tale concezione è che Gesù Cristo non può essere considerato l'unico ed esclusivo mediatore. Soltanto per i cristiani egli è la forma umana di Dio, che adeguatamente rende possibile l'incontro dell'uomo con Dio, benché non in modo elusivo. È *totus Deus*, poiché è l'amore attivo di Dio su questa terra, ma non è *totum Dei*, poiché non esaurisce in sé l'amore di Dio. Potremmo anche dire: *totum Verbum, sed non totum Verbi*. Il Logos, che è più grande di Gesù, può incarnarsi nei fondatori di altre religioni.
>
> Questa stessa problematica ritorna quando si afferma che Gesù è il Cristo, ma il Cristo è più che Gesù. Questo facilita molto l'universalizzazione dell'azione del *Logos* nelle religioni; ma i testi neotestamentari non concepiscono il *Logos* di Dio prescindendo da Gesù. Un altro modo di argomentare in questa stessa linea consiste nell'attribuire allo Spirito Santo l'azione salvifica universale di Dio, che non condurrebbe necessariamente alla fede in Gesù Cristo».[236]

All'interno di questa visione Teocentrica dell'incarnazione, in un contesto pluralistico delle religioni, si passa «dalla cristologia dell'origine divina di Gesù senza preesistenza a una nuova cristologia del Logos preesistente distinto da

---

[233] J. RATZINGER, «*La Fede e la Teologia ai giorni nostri*», 24.

[234] N. CIOLA, «"Disagi" contemporanei di fronte al paradosso cristiano dell'Incarnazione» in *PATH* 2 (2003), 467.

[235] Cfr. *Ibidem*, 462.

[236] Commissione Teologia Internazionale, «*Il cristianesimo e le religioni*» in DOCUMENTI 1969-2004, ESD, Bologna 2006, 552-553.

Gesù».[237]

Se tra il Logos eterno e L'Incarnato vi è una difformità allora la rivelazione, come la salvezza, possono avvenire anche al di là dell'evento Cristo, quindi il Logos, pur prendendo la carne, non esaurisce la sua azione salvifica, ma rimane uno spazio eccedente che di fatto garantisce un campo di salvezza di Dio attraverso le religioni.[238]

> Infatti: «non si può pensare che la manifestazione realizzatasi in Gesù esaurisca tutte le possibilità storiche della parola eterna. La legge della kenosi o svuotamento (fil 2,11) è corrispettiva alla legge dell'Incarnazione. Da questo fatto necessario derivano due conseguenze importanti per il nostro tema: la possibile molteplicità delle rivelazioni e la relazione intima che si viene a stabilire tra di esse. In questa prospettiva l'unicità di Gesù non significa esclusività, ma particolarità specifica in una complessa, variegata ma unitaria storia di manifestazioni divine».[239]

L'Incarnazione, attraverso questa differenza tra il Logos eterno e l'incarnato, si può rivelare come «un contatto salvifico di Dio con l'uomo inteso in senso generico, pensato progressivamente e senza riferimento con la totalità del mistero di Gesù Cristo».[240]

Di fronte a queste tematiche va evidenziato come l'azione salvifica di Dio opera solo attraverso la verità dell'Incarnazione, con l'assunzione del Logos eterno della natura umana senza alcuna eccedenza, visto che "è salvato solo ciò che è assunto".

Rispetto all'interpretazione mitologica dell'Incarnazione, sia Hich che Knitter,[241] ritengono che all'interno di una cultura multireligiosa bisogna superare ogni forma di linguaggio simbolico che secondo gli autori non può riprodurre la condizione della persona nella sua verità.

---

[237] A. COZZI, «*Il Logos e Gesù. Alla ricerca di un nuovo spazio di pensabilità dell'incarnazione*» in *LA SCUOLA CATTOLICA*, 130 (2002), 79.

[238] Cfr. N. CIOLA, «"Disagi" contemporanei di fronte al paradosso cristiano dell'Incarnazione», 464.

[239] P-F. KNITTER e J: HICH (ed), *l'unicità cristiana* un mito? *Per una teologia pluralista delle religioni*, 45.

[240] *Ibidem*,465.

[241] L'autore ritiene di dare una nuova concretezza alla religione collegando la teologia pluralista della religione con la teologia della liberazione. In tal modo il dialogo interreligioso viene semplificato radicalmente e nello stesso tempo viene reso efficace sul piano pratico, in quanto resta fondante su un'unica premessa: il primato dell'ortoprassi sull'ortodossia. (J. RATZINGER, «*La Fede e la Teologia ai giorni nostri*», 25.

Quindi l'Incarnazione è solo un modo di affermare agli uomini che loro vivono in stato di grazia e di ispirazione, per cui la stessa è estendibile al di fuori dell'evento Gesù Cristo.

La concezione mitologica dei due autori parte sicuramente da una opposizione tra senso letterale e senso mitologico, per cui il primo dovrebbe raccontare gli eventi storici realmente accaduti al di là della fede dei credenti, il secondo dovrebbe reinterpretare il vero, non in senso oggettivo ma con atteggiamenti soggettivi.[242]

Questa opposizione,tra il mitico rispetto al reale, all'interno del modello pluralista, non esprime la verità del simbolo, che viene rilegato solo alla sfera dell'immaginario, ma anzi il linguaggio simbolico può descrivere un evento storico senza deturparne la verità che verrà invece arricchita.

Infatti, rivestire un evento storico-reale di un linguaggio mitico, vuol dire il più delle volte renderne possibile la sua comprensione.

Il problema di fondo è l'incapacità di accettazione del Dio-uomo che esprime tutto il paradosso del cristianesimo, «di una salvezza che viene dall'ingresso definitivo di Dio nella storia».[243]

Rispetto al problema dell'Incarnazione come mito credo sia importante evidenziare il pensiero di un autore anglicano C. Gore[244] morto nel 1932, il quale, ponendo l'accento sulla perfetta umanità del Cristo, riteneva esistere una tensione tra il Cristo dei vangeli e il Cristo dei dogmi che sarebbe venuto alla luce.

«Inoltre egli punta il dito sulla questione della kenosi da lui considerata un'interpretazione borghese di una società di cristiani privilegiati. Tali cristiani dell'alta società, che erano i portatori della tradizione cristiana, vedevano la necessità di dare una convalida cristologica al dovere di "essere condiscendenti verso le classi inferiori". Si tratta, secondo Gore di un'idea storicamente datata e il mutamento di significato della parola stessa ci illumina sulla relatività culturale della teologia in genere e dell'inadeguatezza dell'idea di Kenosi al giorno d'oggi.

Oltre tutto si tratta, secondo Gore, di una kenosi puramente etica e non ontologica, perché se fosse tale, sarebbe incompatibile con la divinità, poiché gli attributi divini

---

[242] Cfr. N. CIOLA, «*"Disagi" contemporanei di fronte al paradosso cristiano dell'Incarnazione*», 469.

[243] N. CIOLA, «"Disagi" contemporanei di fronte al paradosso cristiano dell'Incarnazione, 470.

[244] Autore estrapolato dal testo della MAGGI, op. cit. nel cap. I p. 83-84.

appartengono a Dio in modo permanente».[245]

Si può cogliere con estrema chiarezza come l'idea di kenosi possa essere interpretata diversamente, tanto da essere vista da Gore come un intralcio alla verità di Cristo, non sapendo cogliere proprio l'aspetto ontologico della stessa, rispetto al Nostro che fa della kenosi il mezzo interpretativo fondamentale per capire la verità del Cristo.

La difficoltà di penetrare la verità e il paradosso dell'Incarnazione non si comprende soltanto attraverso il relativismo, all'interno di un pluralismo teologico, ma va intravisto anche rispetto ad un risveglio del sacro da parte dell'uomo non sempre confacente con la giusta idea del Cristo.

Infatti all'interno di una forte crisi culturale, dovuta alla secolarizzazione e individualizzazione della società, si assiste ad un risveglio della religiosità su base etnico –popolare - vitale che spesso si cristallizza intorno ad un leader carismatico producendo un nuovo orientamento religioso.

Si crea così una nuova religiosità post-cristiana su base neo-arcaica, esperienziale (senza dogma- soggettiva), terapeutica, olistica che trova nella nuova gnosi e nella new age la sua espressione più vitale.

Questa nuova gnosi, che riprende l'eresia del II e III sec., mette in pericolo l'idea stessa della dottrina cristologica e soteriologica, in quanto si ripropone come mezzo di auto-salvezza e auto-redenzione per l'uomo.

La rinascita della gnosi nel nostro periodo pone le sue basi «nell'identificazione hegeliana della teodicea con la filosofia della storia, nonché nella dottrina del "vangelo eterno", che trova ulteriori esplicitazioni nella cristologia filosofica espressa sia nella figura del Cristo maestro, disegnata nella *Vita di Gesù* di Hegel, sia nell'emblematica espressione relativa "al venerdì santo speculativo, sia nella pagina della *Filosofia delle religioni* dedicate all'evento fondatore».[246]

Questa nuova gnosi, se da una parte presenta un cristianesimo che si razionalizza, nello stesso tempo presenta un ambiguità del ritorno al sacro da parte dell'uomo che si esprime, «in una religiosità vaga e, a volte, fuorviante. I suoi segni sono spesso generici e superficiali, quando non addirittura contrastanti nelle persone stesse da cui scaturiscono. Sono manifesti fenomeni di fuga nello spiritualismo, di sincretismo

[245] M.R. PECORARA MAGGI, *Il Processo a Calcedonia. Storia e Interpretazione*, 84.

[246] N. CIOLA, «"Disagi" contemporanei di fronte al paradosso cristiano dell'Incarnazione»,456-457.

religioso ed esoterico, di ricerca di eventi straordinari ad ogni costo, fino a giungere a scelte devianti, come l'adesione a sette pericolose o ad esperienze pseudoreligiose».[247]

La stesa new age si presenta come un nuovo modello evolutivo che tende verso una coscienza totalizzante dell'auto- trascendenza dell'uomo e verso un rifiuto di una concezione del mondo razionalistico- meccanica, che prende il via dalle correnti tradizionali e dalle religioni orientali ed ebraico – cristiane, abbracciando le scienze con la *fisica visionaria*; la medicina con la *psicosomatica e la psicologia transpersonale di Esalen*; la società con *educazione alternativa, disarmo, ecologia terapie fisiche e mentali*; l'arte con *musiche psicadeliche, letteratura fantascientifica* ed infine la spiritualità con *religiosità neocosmica, pratiche gnostiche esoteriche, mistica naturalistica, movimenti ad indirizzo teosofico, meditazione e mistica, teoria dell'incarnazione.*

All'interno di questa visione sincretista del mondo, la percezione del Cristo, come per la neo-gnosi, viene vista come simbolo che il progresso umano ha compiuto, quindi la sua esistenza storica perde di importanza rispetto ai simboli eterni che esso rivela, al pari di altri grandi maestri come Zoroastro, Buddha e Pitagora.

Quindi un Cristo cosmico-gnostico che non rappresenta una persona ma un principio universale ed eterno.

In questa visione del mondo, in cui regna il relativismo, il sincretismo, dove ogni verità viene vista come forma di debolezza in quanto ricade nel fondamentalismo, si può cogliere la bellezza e la veridicità dell'Incarnazione se si guarda il mondo nella sua polarità.

Come affermava il R. Guardini nella sue opere bisogna avere del mondo lo stesso sguardo che Cristo a su di esso, cioè la verità sulla visione del mondo.

Nel fare questo, a mio avviso, il credente deve affiancarsi al Cristo, guardare il mondo con gli occhi del Cristo e vedere nella bellezza del creato e nella sua ontologica figliolanza divina la possibilità concreta dell'Incarnazione e non un atto di onnipotenza di Dio contro ogni libertà dell'uomo.

Mi piace ultimare con un pensiero di Dostoevskji riportato nell'articolo del prof. Ciola da me citato in queste conclusioni.

---

[247] GIOVANNI PAOLO II, Esortazione apostolica post-sinodale *Ecclesia in Europa*, LEV, Città del Vaticano 2003, 76.

"Molti credono che sia sufficiente credere nella morale di Cristo, per essere cristiano.
Non la morale di Cristo, né l'insegnamento di Cristo salveranno il mondo, ma precisamente la fede in ciò, che il Verbo si è fatto carne.
Questa fede non è soltanto il riconoscimento mentale della superiorità del suo insegnamento, ma spontanea inclinazione.
Bisogna precisamente credere che l'ideale definitivo dell'uomo è sempre il Verbo incarnato, il Dio incarnato.
Perché con questa fede soltanto noi perveniamo all'adorazione, a quell'estasi, che più di tutto c'incatena a lui direttamente e ha potere di non far deviare l'uomo.
Con minore entusiasmo l'umanità forse senz'altro avrebbe deviato, dapprima nell'eresia, poi nell'ateismo, poi nell'immoralità e in fine nell'ateismo e in uno stato di trogloditi sarebbe marcita e scomparsa".

(F. Dostoevskji)

BIBLIOGRAFIA

Opere di S. N. Bulgakov

- *L'Agnello di Dio il Mistero del Verbo Incarnato*, Città Nuova, Roma 1990.

- *La sapesse de Dieu*, L'Age d'Homme, Lausanne 1983.

Studi o Saggi su Bulgakov

CODA P. , «Un'Introduzione Storica e Metodologica alla Cristologia di S. Bulgakov», in *LATERANUM*, LV (1989), 435-479. (utilizzata)

CODA P. , «Trinità, Sofiologia e Cristologia in S. Bulgakov», in *LATERANUM*, LIX (1993), 97-142.

CODA P. , *L'Altro di Dio rivelazione e kenosi in Sergej Bulgakov*, Città Nuova, Roma 1998.(utilizzata)

CODA P. , *Sergej Bulgakov*, (Novecento Teologico), Morcelliana, Brescia 2003. (utilizzata)

ZAK L. , «Kenosi di Cristo e mistero della Chiesa nella sofiologia di S. N. Bulgakov», in *SapCr*, XX (2005), 117-136.

Studi dedicati a Calcedonia

BORDONI M. , «L'esperienza di Gesù e la Fede dogmatica di Calcedonia», in *LATERANUM*, LXV (1999), 507-529.

KASPER W. , «Il dogma cristologico di Calcedonia», in *ASPRENAS* , 31 (1984), 116-130.

LADARIA L. F. , «La recente interpretazione della definizione di Calcedonia», in *PATH*, 2 (2003), 321-340.

MAGGI PECORARA M.R. , *Il Processo a Calcedonia Storia e Interpretazione*, Glossa, Milano 2006.

RIESTRA J. A. , «Il dibattito sul valore e i limiti della dottrina *calcedonense* nella cristologia recente, in DUCAY A (a cura), *Il Concilio di Calcedonia 1550 anni dopo*, LEV, Roma 2003, 93-113.

SANNA I. , «Indicazioni per una Interpretazione del dogma di Calcedonia», in *LATERANUM*, XL (1975), 226-253.

SCHEFFCZYK L. , «Calcedonia nella ricerca storica-dogmatica e nella teologia sistematica», in *COMMUNIO*, 42-43 (1978), 45-59.

SESBBOUE B. , «Le procès contemporain de Chalcédoine. Bilan et Perspective», in *RSR*, 65/1 (1977), 45-79.

SESBBOUE B. , *Gesù Cristo nella tradizione della Chiesa. Per un'attualizzazione della cristologia di Calcedonia*, San Paolo, Cinisello Balsamo 1987.

Altri Saggi

BORDONI M. , *Gesù di Nazaret Signore e Cristo*, Vol. 3. *Il Cristo annunciato dalla Chiesa*, Herder-Pul, Perugia 1986.

BULTMANN R. , *Credere e Comprendere*, Tomo II (= BTC 30), Queriniana, Brescia 1977.

CANTALAMESSA R. , *Dal Kerygma al Dogma Studi sulla Cristologia dei Padri*, V&P, Milano 2006.

CIOLA N. , «"Disagi" contemporanei di fronte al paradosso cristiano dell'Incarnazione» in *PATH* 2 (2003), 443-471.

COZZI A. , «Il Logos e Gesù. Alla ricerca di un nuovo spazio di pensabilità dell'Incarnazione», in *La Scuola Cattolica*, 130 (2002), 77-116.

COMMISSIONE TEOLOGICA INTERNAZIONALE, «Alcune questioni riguardanti la Cristologia (1979)», in *DOCUMENTI 1969-2004*, ESD, Bologna 2006, 164-191.

COMMISSIONE TEOLOGICA INTERNAZIONALE, «Teologia, Cristologia, Antropologia (1981)», in *DOCUMENTI 1969-2004*, ESD, Bologna 2006, 194-217.

COMMISSIONE TEOLOGICA INTERNAZIONALE, «Il Cristianesimo e le Religioni», in *DOCUMENTI 1969-2004*, ESD, Bologna 2006, 543-596.

CONCILIO ECUMENICO VATICANO II, *Decretum de Institutione sacerdotali, Optatam Totius*, in: *AAS*, LVIII (1966), 713-727.

CONGREGAZIONE PER LA DOTTRINA DELLA FEDE, *Dichiarazione «Mysterium Filii Dei»*, AAS 64 (1972), 237-241.

DELL'OSSO C. , «Leonzio di Bisanzio», in Di Berardino A, Fedalto Giorgio, Simonetti Manlio (edd.) , *LETTERATURA PATRISICA*, (Dizionari San Paolo), San Paolo, Cinisello Balsamo 2007, 825-828.

FORTE B. , *Gesù di Nazaret, Storia di Dio, Dio nella Storia. Saggio di una cristologia come storia*, San Paolo, Cinisello Balsamo 1985.

FLORENSKIJ P. A. , *La colonna e il fondamento della verità*, Rusconi, Milano, 1974.

GIBELLINI R. , *La Teologia del XX Secolo*, Queriniana, Brescia 1992.

GIOVANNI PAOLO II, Esortazione apostolica post-sinodale *Ecclesia in Europa*, LEV, Città del Vaticano 2003.

GRILMEIER A. , *Gesù il Cristo nella fede della Chiesa*, I, 1-2: *dall'età apostolica al Concilio di Calcedonia*(451), Paidea, Brescia 1982.

HIC K J. ,*The Mith of God Incarnate*, SCM Press LTD, London 1993.

HIC K J., *The Methapor of God Incarnate,* London, SCM Press LTD, 1993.

HICK J. e KNITTER P.F. , *L'unicità cristiana: un mito? Per una Teologia pluralista delle religioni* (= Teologia/Saggi), Cittadella Editrice, Assisi 1994.

KASPER W. , *Gesù il Cristo*, Queriniana, Brescia 1981.

KUNG H. , *Essere Cristiani*, Mondadori, Milano 1976.

MOINGT J. , *l'home qui venait de Dieu*, Les Editions du Cerf, Paris 1993.

NEUNER J.- DUPUIS J. , *La Fede Cristiana nei documenti dottrinali della Chiesa cattolica*, San Paolo, Cinisello Balsamo 2002.

PANNENBERG W. , *Cristologia: lineamenti fondamentali*, Queriniana, Brescia 1974.

RAHNER K. , *Teologia e Antropologia*, *Nuovi Saggi* III, Edizioni Paoline, Roma 1967.

RAHNER K. , *Corso Fondamentale sulla Fede*, Edizioni Paoline, Roma 1976.

RATZINGER J. , «La Fede de la Teologia ai giorni nostri», in *ENCICLOPEDIA DEL CRISTIANESIMO*, De Agostini, Novara 1997, 22-30.

SCHILLEBEECKX E. , *L'approccio a Gesù di Nazaret. Linee metodologiche*, Queriniana, Brescia 1972.

SCHILLEBEECKX E. , *Esperienza umana e Fede in Gesù Cristo. Un breve bilancio*,, Queriniana, Brescia 1975.

SCHILLEBEECKX E. , *Intelligenza della Fede*, Edizioni Paoline, Roma, 1975.

SCHILLEBEECKX E. , *Gesù la storia di un vivente*, Queriniana, Brescia 1976.

SCHILLEBEECKX E. , *Il Cristo, la storia di una nuova prassi*, Queriniana, Brescia 1980.

SCHILLEBEECKX E. , *La questione cristologica. Un bilancio*, Queriniana, Brescia 1980.

SCHILLEBEECKX E. , *Mensen als verhaal van God*, Nelissen, Baarn 1989.

SCHOONENBERG, *Un Dio di uomini*, Queriniana, Brescia 1971.

SCHULTZ M. , *Incontro con Karl Rahner*, Eupress, Lugano 2003.

SIMONETTI M. , *Studi di Cristologia Postnicena*, Insitutum Patristicum Augustinianum, Roma 2006.

SIMONETTI M. , «Teodoro di Mopsuestia», in Di Berardino A, Fedalto Giorgio, Simonetti Manlio (edd.) , *LETTERATURA PATRISICA*, (Dizionari San Paolo), San Paolo, Cinisello Balsamo 2007, 1151-1156.

TEODORO DI MOPSUESTIA, *De Incarnatione*, 1.VIII, PG 66.

TILLICH P. , *Teologia sistematica II. L'esistenza e il Cristo*, Claudiana, Torino 2001.

VAN BAVEL T. , «Cristologia non-calcedonese. Note all'impostazione teologica di P. Schoonenberg», in *TEOLOGIA DEL PRESENTE* , 2 (1972), 275-282.

INDICE

Introduzione 1

Capitolo I° Il dogma di Calcedonia nella recezione della teologia del 900

1. Introduzione: uno sguardo di sintesi sul Concilio di Calcedonia........ 5
2. Il risveglio dell'interesse della teologia del 900 per il dogma di Calcedonia, e i suoi Principali protagonisti 8
3. Temi e prospettive principali emersi nella recezione del dogma di Calcedonia 16
4. Conclusioni 27

Capitolo II° Lettura critica di Bulgakov della recezione Patristica di Calcedonia

1. Apollinare di Laodicea e la questione cristologica 31
2. Cirillo di Alessandria. La scuola alessandrina 33
3. La cristologia antiochena nei suoi maggiori rappresentanti 36
4. Il Concilio di Calcedonia nella sintesi Patristica 43
5. Conclusioni 50

Capitolo III° La proposta di Bulgakov sulla lettura di Calcedonia Prospettiva kenotica- trinitaria

1. L'incarnazione 51
2. La kenosi di Cristo 61

Conclusioni 73

Bibliografia 81

Printed by Books on Demand GmbH, Norderstedt / Germany